Luz Baltazar

Les ailes coupées

2018

Comme un jour de soleil,

à tous mes amis,

je vous remercie encore.

J'ai trois ans

Comme une Péniche

J'aime à dire que je suis née sur un bateau car il y a trois mille ans, la presqu'île était détachée du continent et formait une île peuplée uniquement par des animaux.

À l'époque où j'ai ouvert les yeux, Péniche était un charmant petit port avec des maisons blanches agrémentées de bleu et de jaune. On ne voyait nulle trace de macadam mais partout de la pierre. Même les caniveaux où l'eau de pluie s'acheminait tout droit vers la mer étaient en pierre. Un homme se levait à cinq heures du matin pour ouvrir une porte gigantesque qui permettait d'entrer dans la ville.

En 1940, les pécheurs de Nazaré s'installèrent à Péniche car ils ne possédaient pas de port pour abriter leurs bateaux en hiver. Ils perdaient leurs bateaux et mouraient sous les yeux de leur famille. Dans les rues, on reconnaissait les habitants de Nazaré à la façon dont ils étaient habillés. Les femmes portaient sept jupes plissées, un tablier brodé et un foulard. Les hommes étaient vêtus de chemises et de pantalons à grands carreaux et étaient coiffés de longs bérets à pompon.

Pêcheur de Nazaré en 1940.

Aux alentours, il y avait des champs cultivés à perte de vue et, sur le littoral, de magnifiques plages caressées par la mer. Les eaux poissonneuses du port attiraient beaucoup de pêcheurs et les nombreuses conserveries de poisson offraient des emplois aux habitants. Les Portugais furent les premiers à partir dans le nord pour pêcher la morue et beaucoup perdirent la vie dans les eaux gelées de la Norvège.

Le port de Péniche est également connu pour ses chantiers navals. Je me souviens avoir visité un grand hangar où étaient fabriqués des bateaux. Il appartenait au père de mon amie Aldina. Lorsqu'un bateau était prêt à prendre la mer, des bœufs aux cornes fleuries le tiraient jusqu'au port. Il était suivi par un cortège qui traversait les rues de Péniche au son d'un orchestre.

Tout en haut, dominant l'océan, se dresse encore cette immense forteresse avec des tours de guet pour abriter la garde et un grand pont bâti sur une enfilade d'arcades. Cet édifice est aussi important pour nous que la tour Eiffel pour les Parisiens.

En 1806, le général Thomières qui était sous les ordres de Napoléon, fait une entrée triomphale dans le port de Péniche. Avec son armée, il envahit la ville, faisant subir une occupation très dure aux habitants. Mais ceux-ci résistent et se mobilisent. Après plusieurs mois d'occupation, ils parviennent à repousser l'ennemi et hissent à nouveau le drapeau portugais en haut de la forteresse pour célébrer leur courageuse victoire. À cette époque, Péniche était la clef du Royaume par sa position géographique.

Plus tard, il servit de prison à ceux qui s'opposaient au régime de Salazar. Les conditions de détention étaient très difficiles et on racontait des histoires très dures à propos des prisonniers. Petite fille, je ne pouvais regarder cet immense et sinistre bâtiment sans avoir des frissons. J'étais loin de me douter que quelques années plus tard, j'y habiterais avec mes parents et mon frère.

Le visage de Péniche a bien changé. Premier port du Portugal, il compte aujourd'hui plus de 27 000 habitants et de nombreuses maisons ont été construites.

Péniche : la forteresse

Mes grands-parents maternels

Ma mère après ma naissance, refusant de me donner le sein, mamie chaque matin m'amenait chez Elvira jusqu'à dix-neuf heures pour me nourrir. Elle avait son bébé. D'après mamie, on tétait en même temps ; chacun avait son sein. Les années passées, ce bébé m'appelait toujours sa petite sœur. Mon frère aussi a eu sa nourrice, Emilia du Labrador, nom de son mari qui labourait la terre.

J'ai passé ma petite enfance dans la maison de mes grands-parents maternels. Elle possédait une petite cour fleurie où gambadait un chat de gouttière. Nous avions aussi un petit chien toujours attaché mais que Papy emmenait avec lui quand il allait se promener.

Un jour de forte pluie, notre petite cour a été entièrement inondée et prisonnier des eaux, notre pauvre chat poussait des miaulements de désespoir. Ne voulant pas attendre l'arrivée des pompiers, je me suis précipitée à l'eau pour le sauver.

Mes grands-parents étaient des êtres doux et attentionnés qui m'ont apporté beaucoup de bonheur. Ils étaient tous les deux très croyants. Tous les vendredis soirs, après avoir allumé une petite lampe sur une table ronde, ils priaient leurs saints préférés, Sainte Rita et Saint François d'Assise, nom que portait également mon grand-père.

Ma grand-mère était grande alors que mon grand-père était de petite taille. Selon l'expression consacrée, c'est Mamie qui portait la culotte dans le ménage. Entre eux, il y avait beaucoup d'affection, ils s'aimaient. Papy, sans doute pour la taquiner, l'appelait « mademoiselle ».

Mamie était une excellente cuisinière. Elle était souvent sollicitée pour préparer les repas lorsque des personnalités venaient à Péniche. Elle était également très douée pour la broderie et la dentelle qui était une spécialité de Péniche. On pouvait même parler d'une passion. Son métier, un grand coussin où étaient plantés des bâtonnets, se trouvait toujours devant la fenêtre. Moi aussi j'avais mon propre coussin pour réaliser de la dentelle mais je finissais toujours par m'endormir la tête sur les petites épingles. Ce que Mamie réalisait en un mois, je le réalisais en un an et les aiguilles finissaient par rouiller provoquant le mécontentement de ma grand-mère. M'évertuant à lui expliquer que je trouvais le travail un peu monotone, elle finit par comprendre.

Mamie et Papy

Mamie a eu trois enfants, ma mère Amélia, tonton Ludgero qui était coiffeur et tonton Francisco que l'on appelait Chico. Il était le petit dernier de la famille et je m'entendais très bien avec lui. Nous étions comme frère et sœur, partageant nos jeux. Lui aussi aimait beaucoup danser et se déguiser. Il était somnambule et se retrouvait parfois dans la rue en dormant.

Mon oncle Chico avec sa femme

Papy travaillait au service des douanes où il avait un poste de responsable. C'est lui qui donnait l'autorisation d'entrer dans le port aux bateaux qui apportaient le sel. Bien que n'ayant pas fait l'armée, il était légionnaire. Chaque fois que son fils revenait de l'armée, on avait le droit à un drôle de spectacle. Mamie allait chercher l'habit militaire de Papy dans la dépendance, son costume de choux et pois chiches comme elle l'appelait en raison de sa couleur. Revêtant l'uniforme, mon grand-père défilait alors au pas, un balai sur l'épaule en guise de fusil : une, deux, une, deux, repos. Une fois, il lui arriva de casser un carreau en se retournant trop brutalement avec le balai.

Mon grand-père faisait régulièrement des expertises. Il allait loin, parcourant la campagne, chaussé de grandes bottes. Il lui arrivait de ne pas faire payer ses clients parce qu'ils étaient pauvres, ce qui faisait râler ma grand-mère. Mais les gens lui étaient reconnaissants et, quelques jours plus tard, des enfants frappaient à la porte pour nous offrir une grosse dinde ou un panier rempli de pêches et de cerises noires qui faisaient mon régal.

Chaque fois que Papy revenait d'une expertise, fatigué d'avoir trop marché, il n'avait plus la force de retirer ses bottes. Mamie tentait alors de l'aider mais sans succès. On m'appelait donc à la rescousse et attrapant une jambe de mon grand-père, je tirais si fort que je me retrouvais assise par terre, la botte entre les mains. Admiratif, Papy vantait ma force herculéenne.

Mon grand-père me racontait des histoires qui me faisaient toujours sourire. Ainsi, quand ma mère avait dix-huit mois, il l'avait promenée dans une charrette attelée à une brebis. Sur leur passage, les gens ouvraient leur porte pour regarder passer cet étrange cortège. Il me raconta aussi qu'il avait adopté un petit singe. Tous les matins, à l'heure du réveil, il le retrouvait vêtu de son gilet, coiffé de son chapeau et sa montre autour du cou. Mais il dut s'en séparer car, un jour, bondissant sur le toit de la dépendance, il s'en alla chez les voisins où il causa beaucoup de dégâts. Une autre fois, il ramena un renard mais celui-ci dévora les poules, ce qui rendit furieuse ma grand-mère.

Papy n'était pas du tout habile de ses mains, il n'arrivait même pas se servir d'un tire-bouchon. Mais il écrivait très bien. Parfois, il emmenait à la maison un jeune homme pour l'aider dans son travail. Je l'avais surnommé le « mangeur de roses », car un jour je l'avais surpris en train de manger des pétales de rose. Sans doute les avait-il dérobés dans un vase de ma grand-mère.

Un soir, Papy manqua à l'appel pour le dîner. Au bout d'un moment, comme il se faisait tard, Mamie décida d'aller le chercher en compagnie d'une voisine. Moi, je devais rester sagement à la maison à les attendre. Quand Mamie revint un peu plus tard, elle me trouva endormie sur la table. Elle était très en colère contre son mari. Entendant de la musique derrière les murs d'une propriété, elle s'était hissée tout en haut pour voir de quoi il s'agissait. Et là, stupéfaite, elle découvrit un étrange spectacle. Des gens dansaient entièrement nus et parmi eux se trouvait mon grand-père.

Mon grand-père me raconta qu'il fut le premier habitant de Péniche à posséder un projecteur de cinéma. À l'époque, c'était une grande attraction et les gens se précipitaient pour venir voir des films. Mais avec son bon cœur, Papy les laissait entrer gratuitement. Ce n'était vraiment pas un homme d'affaires. Un jour, en regardant par le trou de la serrure de la porte de la salle de projection, ma grand-mère aperçut les jambes d'une femme. Elle était vêtue de jupons blancs à dentelle et ses pieds étaient chaussés de bottines. Papy était un coureur de jupons. Un autre jour, Mamie l'avait surpris dans leur lit avec Marianne, une grosse femme qui louait des chevaux.

Il n'aimait pas que le cinéma, il adorait aussi le cirque. Lorsque le chapiteau était installé sur la grande place, devant la forteresse, il s'empressait de m'y emmener. Une fois, alors que nous attendions dehors depuis longtemps que le chapiteau ouvre enfin ses portes, mon grand-père, si calme d'habitude, s'est mis très en colère. Il a passé sa tête à travers le guichet en brandissant sa montre et en vociférant. Surprise, la malheureuse employée qui était assise sur un tabouret, est tombée à la renverse. Je plaignais la malheureuse femme mais j'avoue que cette scène m'a fait beaucoup rire.

Lorsque nous étions à table, en attendant d'être servis, je dansais et mon grand-père jouait de la musique avec son couteau et sa fourchette. Les couverts étaient en argent et venaient d'un bateau qui avait coulé dans les eaux de Péniche. Papy les avait gardés en souvenir.

Le parrain de Mamie, Consule à Péniche, représentait la France à cause des bateaux français qui venaient souvent. Chaque année, nous avions la visite des langoustiers bretons, ce qui enchantait mon grand-père. Trois semaines avant, il se réjouissait déjà de leur venue. Il y avait l'ami Pierre, l'ami Michel et l'ami Jean. En compagnie de ses amis bretons, il se promenait le soir dans la rue, un peu éméché. De retour à la maison, il nous montrait fièrement les langoustes qu'on lui avait offertes.

Je me souviens d'une anecdote qui m'a beaucoup fait rire. Une fois, mon père avait invité mon grand-père au restaurant. Au menu, ils avaient commandé tous les deux du lapin. Mais à peine avait-il enfourné la première bouchée que mon père s'écria, furieux, que le restaurateur les avait roulés car dans son assiette, ce n'était pas du lapin mais du chat. Aussitôt dit, il se leva, bondit vers le restaurateur et l'attrapa par les épaules, le secouant de toutes ses forces. Quand un peu plus tard, grand-père nous raconta la scène en la mimant avec de grands gestes, Mamie et moi, nous avons beaucoup ri.

J'adorais 'la Chaussure', je me rappelle qu'à quinze mètres de chez mamie il y avait un cordonnier José Alipio da Mata. A dix ans, je m'asseyais sur son pas de porte pour essayer des chaussures qu'il avait réparées, en même temps il me racontait qu'il avait fait la guerre de Verdun et qu'il a été fiancé à une française qui s'appelait Madeleine

Mes premières années d'école

Je me souviens parfaitement de l'école. Elle était grande et belle. Dans l'immense cour arborée où jouaient les enfants se trouvaient une fontaine et un préau qui nous servait d'abri les rares jours de pluie. Pas très loin il y avait une deuxième école, tout aussi belle, sur trois étages où les filles pouvaient apprendre le dessin, la couture, la broderie et la dentelle. Ma grand-mère et ma mère étaient deux anciennes élèves. Les dentelles, blanches, fines, belles comme l'écume de mer étaient alors la spécialité du port de Péniche et nos dentellières se distinguaient en Europe en gagnant de nombreux prix. Ainsi, les lacets tressés à la main firent pendant des siècles la réputation de notre région. Aujourd'hui encore, Péniche est toujours célèbre pour la finesse et la beauté de ses dentelles.

Péniche :

exposition de dentelles

La directrice de l'école, madame Joséphine, habitait à côté de chez mes grands-parents. Elle n'avait pas d'enfants et vivait avec sa sœur Céleste qui devint ma marraine et me faisait du tapioca. Toutes les deux m'avaient prise en affection et m'avaient donné le surnom de « Milou ». Madame Joséphine était à la fois directrice et enseignante. Dès l'âge de quatre ans, j'avais le privilège de l'accompagner à l'école et je pouvais aller et venir dans toutes les classes. J'étais libre de faire ce que je voulais, je dessinais et dès qu'elle s'absentait, j'en profitais pour danser sur l'estrade imitant l'actrice Shirley Temple que j'avais admirée dans un film.

À l'âge de sept ans, je commençais l'école «pour de vrai». Mais j'avais pris goût à la liberté et je ne supportais pas de rester assise sur le banc à écouter sagement l'institutrice. J'avais beau faire des efforts, je n'y arrivais pas, je ne tenais pas en place. Il faut dire que dans l'école je me sentais un peu chez moi, libre d'aller et venir comme il me plaisait. Pour la petite fille vive et agitée que j'étais, rester tranquille demandait de gros efforts. Devant mon attitude, madame Joséphine était désemparée, elle ne savait plus quoi faire. En désespoir de cause, elle me changea trois fois d'institutrice. Si les deux premières s'avouèrent vaincues, la troisième employa la manière forte, n'hésitant pas à me donner des taloches et des coups de bâton sur la tête comme elle l'aurait fait pour domestiquer un petit animal sauvage. Elle s'appelait Élisa. Les cheveux noirs, toujours vêtue de noir, elle me faisait penser à un corbeau. Dans la rue, elle sortait toujours son parapluie pour se protéger du soleil.

J'avais la tête couverte de bosses mais Mamie n'osait pas se plaindre de peur qu'Élisa se venge en refusant de me faire passer dans la classe supérieure. Une fois, elle a fait une chute et j'ai bien ri en la voyant par terre. Je me suis dit que c'était bien fait pour elle. C'était une façon de prendre ma revanche. Un jour ma mère est allée la voir pour lui montrer comment elle devait me frapper avec le côté de la taloche. J'ai reçu un bon coup sur les jambes qui m'a laissé des bleus pendant plusieurs jours. Cette attitude a révolté mes petites camarades qui en ont aussitôt parlé à leur mère.

Mes petites camarades récitaient leurs leçons par cœur, comme des perroquets. Moi, je me sentais malheureuse car malgré mes efforts, je n'y arrivais pas. Un beau jour, alors que je regardais le tableau noir, j'ai eu une révélation en pensant aux contes de fées que je savais si bien raconter. Il fallait que je fasse la même chose pour les leçons, que je m'imagine en train de raconter Blanche Neige ou le chat botté. Depuis ce temps-là, j'ai toujours eu de très bonnes notes en récitation. À la maison, je lisais mes leçons une seule fois et ensuite, devant la maîtresse, je les racontais comme une histoire, avec mes propres mots. Pour apprendre les tables de multiplication, Mamie m'avait donné une bonne idée. Le matin, alors que j'avais les idées fraîches, je devais les réciter en chantant.

Madame Joséphine et sa sœur déménagèrent dans le centre de Péniche. J'allais souvent leur rendre visite le dimanche et j'en profitais pour déguster le délicieux tapioca de Céleste et jouer quelques notes sur le piano du salon.

Jours de fête

La vie à Péniche était rythmée par des fêtes et des cérémonies religieuses. J'adorais y assister.
Ainsi, chaque année, tout en haut des falaises, sur une pointe qui s'avançait vers la mer, à l'intérieur d'une très jolie chapelle construite sur les rochers, se déroulait une très belle cérémonie. Dans une longue procession, les gens défilaient à pied ou à cheval, certains d'entre eux portant de grands drapeaux. Nous avions une vue magnifique sur Berlengas, une île située à quarante minutes en bateau et qui servait de réserve naturelle aux oiseaux. Il y avait de la musique et beaucoup d'animations. Des paysans de la région venaient vendre des produits du terroir. La fête durait deux jours et mes parents venaient parfois y assister.

Péniche – les Rémédios, "la Chapelle"

À Péniche, il y avait aussi le carnaval. Une fête que tous les habitants attendaient chaque année avec une grande impatience. Fabriquer les costumes et les masques demandait du travail et on devait s'y prendre quinze jours à l'avance. Le carnaval se déroulait pendant quatre jours, du samedi au mardi. Il y avait beaucoup d'ambiance dans les rues. Des gens se promenaient déguisés en Indiens, d'autres en Africains avec des lances menaçantes, d'autres encore avaient enfilé le costume d'un toréador. Déguisés et le visage masqué, nous allions frapper aux portes le soir. Aussitôt, on nous invitait à entrer et on nous offrait à boire. Les gens qui nous accueillaient essayaient de deviner qui pouvait bien se cacher derrière le déguisement, ils nous faisaient parler pour essayer de reconnaître notre voix. Même pour boire, nous n'enlevions pas nos masques, nous nous contentions juste de faire un trou pour ne pas être reconnus. On s'amusait de tout et de rien, c'était une ambiance bon enfant. La nuit, il y avait des bals masqués.

Pour la saint Antonio et la saint Jean, on décorait la rue avec des ballons et des serpentins. Dehors, on allumait des feux autour desquels on dansait et on sautait. Des jeunes jouaient aussi de la musique. Assis sur le pas de leur porte, les habitants ne perdaient rien du spectacle. À l'époque, il n'y avait pas encore beaucoup de voitures et c'était plus facile de s'amuser dans la rue. À minuit, la tradition était de brûler une fleur sauvage qui avait un peu l'aspect d'un artichaut. Cela permettait de savoir si on allait avoir bientôt un amoureux ou une amoureuse.

Au mois d'Août, il y avait la fête de Notre-Dame du bon voyage appelée aussi la fête des pêcheurs. On organisait une procession de bateaux sur la mer qui existe encore aujourd'hui. Sur la grande place, devant la forteresse, il y avait beaucoup de divertissements comme *le château hanté* ou *le palais des glaces* où j'aimais me faufiler. Devant les miroirs déformants, je devenais très grosse ou très maigre, j'avais une tête énorme, cela me faisait beaucoup rire. Sur le manège, je choisissais de monter sur la girafe pour être la plus grande et voir très loin. Et comme j'étais très gourmande, je m'arrêtais au stand de monsieur Barreto pour lui acheter des chichis et des gaufres. Le soir il y avait un feu d'artifice et des groupes folkloriques dansaient sous un chapiteau. La fête durait une semaine.

Procession de
Notre Dame
du bon voyage

Une petite fille précoce

Petite fille, je jouais très peu à la poupée. À neuf ans, je savais déjà quel métier je voulais faire. Je voulais être comédienne dans un théâtre ou faire partie d'un cirque. Adélaïde, une amie d'enfance, se souvient que je dansais toujours en faisant des pointes, même quand je portais des sandales. Le soir, je me mettais au lit de bonne heure et avant de m'endormir, je restais longtemps à réfléchir. Mes rêves étaient toujours les mêmes, je dansais dans les rues et sur les toits avec de magnifiques tutus et de superbes ballerines. J'avais des ailes de papillon et après je disparaissais. Je ne parlais à personne de mes rêves, c'était mon jardin secret.

Quand Mamie s'absentait pour faire des courses, j'en profitais pour mettre quelques chaises dans la cour et disposer sur la corde à linge un châle bleu marine à pompon. Prête pour le spectacle, j'appelais alors mes copines : Maria Émilia, Milay, fille de tante Barbara, Maria Adelaïde dont la mère vendait des dentelles, Sésaltine, Luisa, Dolorès, et d'autres encore. Dans la rue de mes grands-parents, ce n'était pas les petites spectatrices qui manquaient. La représentation avait lieu à 15 heures. Je m'étais confectionné une jupette plissée à petites fleurs roses, très courte, tandis que ma cousine Milay, portait une culotte. Je faisais mon numéro sur une balançoire suspendue aux poutres de la dépendance. Tête en bas, jambes en l'air, les mains solidement agrippées aux cordes, j'évoluais sous les applaudissements des jeunes spectatrices. Ensuite, je chantais, je dansais et tout le monde était content. Un jour, mon grand-père que mes pirouettes inquiétaient, décida de monter sur un tabouret pour couper les cordes qui retenaient la balançoire. Mais l'exercice se révéla difficile et il m'accusa d'avoir fait des nœuds marins impossibles à dénouer. Je riais en douce.

Je rêvais aussi de créer de beaux costumes. Mamie avait une machine à coudre et dès qu'elle était sortie, je courais m'y installer. Certes, j'ai cassé quelques aiguilles mais je réussissais tout de même à faire ce que je voulais. Étant douée pour le dessin, je faisais d'abord des croquis et cela m'aidait beaucoup pour la confection des habits. Mamie avait de jolis tissus dans une armoire que son frère ébéniste avait fabriquée et dont j'ai hérité par la suite. Je les utilisais pour confectionner des jupettes ou des manteaux à capuchon. Je gagnais même un peu d'argent en réalisant des robes pour les poupées de mes copines. Cela me permettait d'acheter des cahiers, des bonbons et aussi des châtaignes pelées à madame Sébastienne.

Un jour, avec des restes de laine, j'ai commencé une écharpe avec les grandes épingles en cuivre de Mamie. Elle est devenue très grande. Plus tard, alors que je n'avais que dix ans, j'ai annoncé à Mamy que je voulais faire un pull-over pour mon frère. Elle a ouvert de grands yeux en me disant que je ne savais pas tricoter. Mais j'ai insisté car j'avais ma petite idée dans la tête. Avec de la bonne laine marron que Mamie m'a achetée, j'ai fait un pull-over, ouvert sur le devant, avec des boutons. Ma grand-mère était très fière de moi, elle me regardait avec étonnement, se demandant comment j'avais bien pu réussir. Je lui fis remarquer que j'avais tout dans la tête et que je n'avais donc plus qu'à suivre mes idées. Tu ne tiens pas de ta mère qui n'est pas du tout manuelle, me répondit-elle alors.

J'étais une enfant précoce. À dix ans, j'avais la mentalité d'une fille de treize ans, je n'entreprenais jamais rien sans avoir bien réfléchi. Je me souviens encore de ce que me disait Mamie : « *À ton réveil, mets tes idées en place !* »

Comme ma grand-mère sortait de bonne heure pour faire les courses, j'en profitais pour recueillir des chatons abandonnés que je glissais dans mon lit afin qu'ils soient bien au chaud sous mes couvertures. Je les trouvais généralement dans une grande propriété qui se trouvait en face de chez nous. Quand grand-mère revenait et qu'elle me trouvait avec les chatons, elle se mettait en colère mais ne me frappait jamais. Parfois, elle me tirait les nattes mais sans brutalité et sans méchanceté. Je crois qu'elle me préférait à sa fille. Elle me trouvait jolie avec mes cheveux blonds et mes yeux bleus. Elle disait parfois que les yeux bleus chez une Portugaise étaient une erreur de la nature, ce qui me rendait très mal à l'aise. D'ailleurs, mon père, mon grand-père paternel et l'une de ses filles avaient eux aussi les yeux bleus.

Un soir, Mamie s'inquiéta de ne pas me voir revenir de l'école qui était pourtant toute proche de la maison. J'avais été rendre visite à madame Farta, une dame de 85 ans qui vivait seule. J'avais fait ses courses et balayé sa maison. Quand je lui racontai cela, ma grand-mère me félicita, elle était fière de sa petite-fille. Il m'arrivait aussi d'aider madame Mouton, une vieille femme en fauteuil roulant que son ivrogne de mari battait. Je lui faisais ses courses et un peu de cuisine car elle n'avait presque rien à manger. À cette époque ni la sécurité sociale ni les retraites n'existaient et il y avait beaucoup de misère. Vivant dans une grande pauvreté, les vieux paysans des alentours venaient mendier à Péniche, le samedi. En douce, je cachais dans la dépendance un peu de sucre et du riz que j'allais ensuite leur donner. Mamy avait ses mendiants, tante Barbara aussi. Son mari, venu d'Algarve, était maître pêcheur.

Dans chaque village, il y a toujours un drôle de personnage. À Péniche, nous avions Maria da Soupe. On disait qu'elle était dérangée, qu'elle frisait la folie. Sale et affamée, elle s'arrêtait souvent devant notre fenêtre. Dès que Mamie sortait, je m'empressais de la faire entrer pour lui servir un bol de soupe et un peu de pain. Je n'ai jamais supporté de voir les gens malheureux. Mais un jour, revenue des courses plus tôt que prévu, ma grand-mère a surpris mon manège et s'est mise en colère en voyant Maria, tranquillement assise dans sa propre maison, à faire de la dentelle. Je crois ne l'avoir jamais vue aussi furieuse. Un autre jour, j'ai pourtant réussi à convaincre Mamie de lui donner un bain et de lui faire couper les cheveux car elle avait des poux. Ce jour-là il faisait beau et nous avons disposé dans la cour une grande bassine en zinc pour y plonger la pauvre femme. Tonton Ludgero, le frère de ma mère qui était coiffeur, se chargea de lui couper les cheveux. Il ne lui en laissa pas beaucoup sur le crâne. Savonnée et parfumée, Maria repartie de chez nous déguisée en Mamie. Elle avait l'air très heureux.

J'étais une petite fille espiègle qui adorait faire des farces à son grand-père. Papy s'installait parfois devant la fenêtre, coiffé de son béret basque bleu marine. Quand il commençait à jouer avec le cabillou en le faisant tourner entre les doigts, ma grand-mère disait qu'il n'allait pas tarder à s'endormir. Un jour je le constatai par moi-même et profitant de son sommeil, avançais une main malicieuse pour trancher net avec des ciseaux la minuscule pointe. Mais quand il se réveilla et qu'il ne trouva plus le petit bout de tissu sous ses doigts, il se mit à rouspéter, puis tourna aussitôt la tête dans ma direction, l'air soupçonneux. J'avais du mal à me contenir, contractant les mâchoires pour ne pas éclater de rire et faisant mine d'être occupée à autre chose. Tournant le dos, Mamie riait sous cape. Une autre fois, j'ai accroché des pinces à linge autour de son chapeau et il est sorti dans la rue sans s'en apercevoir. Sur son passage, les gens agitaient la main en montrant son chapeau du doigt mais comme il était un peu sourd, il leur répondait «bonjour», persuadé qu'on le saluait.

J'étais très heureuse chez mes grands-parents et à chaque fois que mes parents annonçaient leur visite, l'angoisse montait en moi. J'allais devoir faire le baisemain à mon père, attendre qu'il se mette à table pour commencer à manger ou encore lui présenter mes mains pour qu'il s'assure que je les avais soigneusement lavées. Il fallait que je mange presque autant que lui et j'avais interdiction de quitter la table avant. Je recevais des coups de couteau sur les coudes et je n'avais pas le droit de parler.

Un jour ma mère est arrivée par surprise alors que je portais ses chaussures, de magnifiques escarpins en daim noir. Furieuse, elle m'a frappée avec ses grandes et longues mains dont elle était si fière. J'ai cru qu'elle allait me tuer, heureusement Papy est intervenu en la traitant de folle.

Milay et moi à l'école

Mes vacances au manoir

Mon père avait des origines aristocratiques. Tandis que j'habitais chez mes grands-parents maternels, Il vivait avec ma mère et mon frère chez ses parents qui possédaient un grand manoir entouré de 30 hectares de terrain, à trois kilomètres de Péniche. Je venais seulement y passer les vacances.

La vaste bâtisse était toute en longueur et comportait quatorze pièces. Au rez-de-chaussée se trouvait une grande cuisine de quarante mètres carrés, la salle à manger et un couloir qui conduisait à la dépendance. Il y avait aussi la cave à fromages et, sous le préau, un four qu'utilisait madame Ermelinda pour cuire tous les vendredis une soixantaine de pains. À l'étage, il y avait la salle de bains, une grande salle à manger, un grand salon qui servait de bureau, un autre salon avec un piano et une harpe consacré à la musique et à la lecture et plusieurs chambres dont celle de mon grand-père paternel où il rangeait ses cinq carabines. Quant à mes parents, ils étaient logés au rez-de-chaussée, à l'autre bout du manoir.

Mes grands-parents avaient à leur service une cuisinière et une femme de chambre ainsi qu'un couple de gardiens : Rosa et Laréo. Ce n'était pas le travail qui manquait car mon grand-père possédait trente-huit vaches, un taureau, trois cents brebis, des paons, quatre cochons et des poules. Il avait aussi neuf chiens car il était un excellent chasseur et il s'était d'ailleurs distingué en gagnant plusieurs médailles.

Le manoir où vivaient les grands-parents paternels

Mamie et papy, parents de mon père

Mon grand-père était un homme cruel. Ses employés le craignaient mais personne n'osait rien dire de peur de perdre son travail. Un jour, il demanda à l'un d'entre eux qui s'appelait Acacio d'enterrer vivants huit chiots de deux mois. Comme celui-ci ne voulait pas obéir, il le menaça de sa carabine. Le jeune homme s'exécuta mais fut traumatisé pour le reste de sa vie. Il racontait qu'il entendait toujours les petits chiens gémir. Mes grands-parents avaient une belle chienne que l'on avait surnommée «Hirondelle» parce qu'elle était blanche et noire. Chaque soir, elle parcourait toute seule deux kilomètres pour aller chercher mon père qu'elle attendait sur le chemin. Mon grand-père l'a tuée par jalousie. C'était aussi un coureur de jupons et aucune servante n'échappait à ses avances.

Ma grand-mère n'a jamais été heureuse avec lui. Elle me raconta que le jour où elle avait passé sa robe de mariée, elle s'était mise à pleurer. En me regardant, mon grand-père disait que je ressemblais à sa mère et que j'étais belle. Je n'étais pas très rassurée quand il me disait cela. Il était si violent.

Un jour, il aurait tué mon père avec une de ses fameuses carabines si les employés du domaine n'étaient pas intervenus. Ma mère avait raconté à son mari que grand-père la poursuivait de ses assiduités et c'est de là qu'était née la dispute. Malgré mon jeune âge, j'avais osé sermonner ma mère en lui reprochant son attitude. Je pensais qu'elle n'aurait dû rien dire pour ne pas faire d'histoires. J'ai reçu une gifle. Ma mère n'avait pas toujours des comportements très rationnels. Ma grand-mère était gentille mais je la trouvais très snob et je n'étais pas très à l'aise avec elle. Sur ses onze enfants, cinq sont décédés. Elle souffrait beaucoup du caractère de son mari et en profitait pour s'échapper de temps en temps en allant à Lisbonne assister aux saisons de l'opéra. Elle logeait alors chez sa fille Lidia qui était ma tante préférée.

Mon frère faisait des études et il était élevé par mes grands-parents paternels. Mon grand-père n'était pas tendre avec lui et ne se gênait pas pour lui donner des coups de casserole en cuivre sur la tête. Son école se trouvait à trois kilomètres du manoir dans un bourg où habitait José, un autre frère de mon père qui était avocat. Mon grand-père l'obligeait à s'y rendre à pied, qu'il pleuve ou qu'il vente. Parfois, quand le temps était vraiment trop mauvais, ma grand-mère le cachait dans une chambre qui se trouvait en haut du manoir et là, dans le plus grand secret, mon frère passait la journée à jouer. Ma mère était au courant mais n'appréciait pas cette façon de faire. Elle aurait préféré que son fils aille à l'école par tous les temps.

Malgré la méchanceté de mon grand-père, J'étais contente de passer mes vacances au manoir. J'aimais cette propriété, la belle avenue arborée qui conduisait jusqu'à la porte d'entrée, la grande cour que l'on apercevait de la cuisine et où était accrochée ma balançoire. J'avais la manie de grimper sur les arbres et un jour il m'est arrivé de tomber sur une vache. Je passais une grande partie de la journée, assise dans le verger, à savourer des fruits délicieux. Ne voulant pas d'une petite fille douillette, mon père m'ordonnait de marcher pieds nus et le soir, je devais retirer les épines et parfois les morceaux de verre qui étaient entrés dans ma chair et me faisaient cruellement souffrir.

Chaque matin, un pot à la main, je sortais pour aller chercher du lait frais. Je devais passer devant la ruche, mais se dressait souvent sur mon passage, un grand coq rouge et vert. Je n'étais pas rassurée en le voyant s'approcher de moi en chantant, une aile largement déployée traînant sur le sol. Un matin il s'est caché dans un arbre et il a sauté sur moi quand je suis passée, me picorant la tête comme si j'étais une poule. Affolée, j'ai renversé le lait et je me suis mise à crier. Tout le monde est alors accouru pour savoir ce qui se passait. Je n'avais plus qu'une envie… Retourner à Péniche chez ma grand-mère maternelle, et retrouver ma petite vie tranquille, mes croquis, ma boite à couture, les spectacles que je montais avec les petites voisines.

Un jour, alors que ma mère avait oublié de fermer la porte, un cochon est entré dans la maison. Il a fait des trous dans le sol et tout détruit sur son passage sans oublier son beau sac à main qui était en cuir. Furieuse, elle a frappé le pauvre cochon à coups de bâtons. Plus tard, cela l'a fait bien rire quand le boucher lui a raconté que le cochon était plein de bleus.

Parfois je me rendais à Péniche en compagnie de Rosaria pour aller porter des fromages et du chorizo. Nous y allions avec une ânesse qui portait un panier sur chacun de ses flancs. Elle était devenue méchante car elle était souvent battue pour aller au pas de course. Nous mettions la marchandise dans un panier tandis que je montais dans l'autre. Les fromages et le chorizo étaient les deux spécialités de ma grand-mère. Aidée par ma mère, elle les réussissait très bien. Je me souviens m'être régalée en mangeant du fromage frais saupoudré d'un peu de sucre.

Au manoir, donnant sur la cour, il y avait un grand cellier où étaient stockées toutes les réserves : des pommes de terre, des haricots, des barriques contenant du poisson séché, des carottes ... Seul mon grand-père en possédait la clé et nous n'avions pas toujours à manger à notre faim. Un jour, ma grand-mère et ma mère sont allées chercher un tabouret afin que je puisse passer par l'une des fenêtres et leur ramener des provisions sans que mon grand-père le sache. Mais quand je me suis laissé glisser à l'intérieur et que je suis retombée sur le sol, il était tellement bas qu'il m'était impossible de remonter pour sortir à nouveau par la fenêtre. Ma mère avait beau essayer de me tirer par le bras, rien n'y faisait et j'avais très mal. Réalisant alors que j'étais prisonnière, je me suis mise à pleurer. Il ne me restait plus qu'à me cacher dans une barrique pour ne pas être vue par mon grand-père. C'est ce que je fis et quand il arriva un peu plus tard et que j'entendis ses pas dans le cellier, je m'efforçai de retenir ma respiration de peur d'être découverte. Morte de peur, j'ai dû passer la nuit dans le cellier et c'est seulement au petit matin que ma grand-mère est venue me délivrer. Elle avait profité de ce que mon grand-père faisait sa toilette. Ivre de fatigue, j'avais les bras écorchés et je sentais le poisson. Après un bon bain et un petit déjeuner, je me suis couchée pour m'endormir aussitôt. Grand-père n'a jamais rien su de mon aventure.

Une rivière qui longeait le verger pour se jeter dans la mer faisait notre joie à mon frère Carlos et à moi. Nous embarquions dans une auge et nous ramions comme sur un bateau. Sur le bord de la rivière, il nous arrivait de rencontrer Léocadia, la lavandière, avec ses bassines de linge.

On pouvait aussi croiser les gitans qui venaient s'approvisionner en eau mais mon grand-père s'empressait de les chasser.

Un jour, au retour d'une petite expédition, mon frère ne retrouva plus les sandales qu'il avait posées sur la berge. Sans doute avaient-elles glissé et la rivière les avait emportées. Il se mit aussitôt à pleurer en pensant à notre grand-père et à ses redoutables colères. L'une de nos distractions à mon frère et à moi était aussi d'aller chercher du maïs. Après avoir fait du feu, nous le faisions griller et nous nous régalions. Là où se trouvait la grande carrière, derrière les étables, du côté de la rivière, les femmes s'asseyaient en rond pour éplucher le maïs et le battre ensuite avec un bâton, en chantant.

Je me souviens d'une grande réception que mon grand-père avait organisée pour accueillir Joaquim. Militaire, il était le fils préféré de mon grand-père qui l'appelait «Monsieur le Major». Il arriva au manoir avec de nombreux invités parmi lesquels se trouvaient un ministre et un ambassadeur. On dressa une jolie table dans le jardin et on servit de la langouste dans de grandes bassines de terre cuite. Devant ce beau spectacle, j'étais admirative mais je me faisais toute petite.

J'étais une petite fille timide qui avait l'ordre de vouvoyer tout le monde, même mes cousins. Seuls échappaient à la règle, mon frère et ma cousine Béca qui avait mon âge. Elle était la fille de mon oncle Francisco, un autre frère de mon père qui était directeur de la société Ford à Lisbonne. Il venait parfois nous rendre visite au manoir et Béca et moi, nous en profitions pour aller chercher des melons ou de l'herbe dans une charrette tirée par deux vaches. En revenant, assises sur notre cargaison, nous chantions joyeusement. Je me souviens encore de l'étable et du grand puits blanchi à la chaux qui lui faisait face, à l'ombre d'un gigantesque figuier.

Mamie m'a offert un joli chapeau en paille brodé avec des oiseaux bleus. En regardant la vache à côté de l'étable, j'avançais et mis le chapeau sur ses cornes. Pas contente elle avance vers moi en vitesse et je tombe en arrière dans le chaudron remplit d'eau pour les poules. J'eu une peur d'enfer !

Mes parents, Amélia et Manuel Augusto

Je quitte mes grands-parents pour vivre avec mes parents

J'avais onze ans quand j'ai quitté Papy et Mamie pour aller vivre avec mes parents. Notre maison se trouvait à Péniche, sur la place du marché et j'avoue que je m'y plaisais bien. Au rez-de-chaussée, il y avait un grand salon, une chambre de chaque côté, la cuisine au fond. Après, la cour. Une porte donnait sur une grande cour avec un puits. Nous étions voisins de Monsieur Freire et de sa famille. Il avait été le professeur de ma mère et de ses frères. Le matin, j'apercevais son fils José qui se rasait devant la fenêtre en chantant de jolies chansons. Son père l'avait mis au séminaire alors qu'il n'avait pas la vocation. Je crois qu'il aimait trop les femmes pour cela. Il allait à la fête des pêcheurs pour les voir danser et il s'extasiait sur leur beauté. Il me disait même qu'il aimerait m'épouser. Plus tard, il est devenu prêtre mais dès que ses parents sont décédés, il a aussitôt quitté les ordres pour se marier.

Dans ma nouvelle vie, je me sentais triste. En quittant la maison de mes grands-parents pour venir habiter avec mes parents, j'avais le sentiment d'avoir laissé le paradis pour l'enfer. L'ambiance était toujours tendue car mon père ne supportait pas le caractère de ma mère. C'était une femme lunatique, pessimiste, intolérante, mythomane et très têtue. Elle se comportait toujours en victime ce qui avait le don d'énerver son mari. Ayant hérité du caractère autoritaire de mon grand-père, mon père se mettait souvent en colère. Il n'avait aucune patience, pour un rien il me regardait de travers et, paniquée, je faisais dans ma culotte. Cependant, il faut reconnaître que contrairement à ma mère, il était très sociable et accueillait toujours très bien ses amis.

Mes parents s'étaient connus au bal. Ma mère était très coquette, elle aimait porter de jolies robes et des bas en soie. Une fois, je m'en souviens, elle est venue s'habiller chez Mamie car elle allait danser avec mon père. Elle avait revêtu une longue robe noire en crêpe de Chine avec une grande rose blanche. Elle avait une jolie peau, claire et fine, dépourvue de rides. Une autre fois, sans le dire à mon père, elle s'était rendue au carnaval, déguisée en paysanne, portant foulard, châle et parapluie. Se doutant de quelque chose, mon père qui était très jaloux me posa des questions. Je n'avais que six ans et je lui ai dit la vérité. Mais après, ma mère me donna des coups avec une cuillère en bois.

À l'école, j'avais de très bonnes notes. Je n'aimais pas les mathématiques mais je me débrouillais bien en calcul mental. J'aimais écrire, je faisais de très bonnes rédactions et d'excellentes dictées. Mon professeur, madame Natevidade ne m'aimait pas trop car j'en savais parfois plus qu'elle sur la matière qu'elle enseignait. Discrètement, elle ouvrait la porte qui communiquait avec l'autre classe pour vérifier auprès d'une collègue si ce que je venais de dire était vrai.

Un jour Madame Joséphine appela mon père pour lui

dire que j'avais des capacités intellectuelles et que ce serait bien que je continue mes études. Elle trouvait notamment que j'étais douée pour les langues. La réponse de mon père ne se fit pas attendre. Ce fut un refus catégorique car il estimait que la place d'une femme devait être à la maison. Silvina venait alors faire le ménage chez nous mais quand j'eus douze ans, il la remercia, décrétant qu'on n'avait pas besoin de trois femmes à la maison. Je savais donc ce qui m'attendait avec un père autoritaire et une mère très maniaque pour tout ce qui concernait le ménage. Je me levais tous les jours à huit heures du matin, même le vendredi et le samedi, pour faire le ménage et essuyer la vaisselle et si je ne le faisais pas tout de suite, ma mère me donnait une claque. Le jeudi, je faisais le repassage avec un fer à charbon. Avant d'aller à l'école, mon lit devait être fait. Quand je revenais, Je devais aussi m'essuyer quatre fois les pieds avant d'entrer dans la maison.

À onze ans, ma mère me faisait porter des robes trop courtes et cela me mettait mal à l'aise vis-à-vis de la gent masculine. Lorsque je marchais dans la rue, le vent soulevait ma robe et aux portes des tavernes, les hommes ne se gênaient pas pour me siffler. La première fois que j'eus mes règles, on m'envoya à l'école comme s'il ne s'était rien passé. Le dentiste qui était aussi médecin généraliste, m'expliqua plus tard ce que je devais faire à chaque fois que cela m'arrivait. Il suffisait qu'on prenne le temps de me dire les choses pour que cela m'apparaisse très simple.

Mon père avait une voiture «Diane», de la marque Citroën. Un jour, il décida de m'emmener rendre visite à tante Albertine qui habitait à Atouquia de la baleine, ancien port de pêche de Péniche. Il se trouvait à environ six kilomètres et tenait son nom d'une baleine qui un jour s'y était échouée. Ma tante possédait une magnifique demeure. Vivait également sous son toit un frère de mon père qui s'appelait José et qui était avocat. Il avait été élevé par Albertine. Veuf, il avait trois enfants : Hélène, Carlos et Maria Lourdes qui était décédée. Située sur une colline, la maison surplombait la route. Je me souviens encore des aloès vera à fleurs rouges qui se trouvaient en bordure de la terrasse. On l'avait baptisée la maison du château car elle avait été bâtie à l'emplacement d'un ancien château dont il restait encore les murs. Je n'aimais pas beaucoup cette tante car elle me réprimandait tout le temps. Je la trouvais hautaine avec son ruban de velours et sa médaille autour du cou. Elle était loin d'être pauvre mais elle était très radine et chez elle, j'avais toujours faim. Si nous étions huit à table, il y avait seulement neuf parts, pas une de plus. Et la dernière part finissait toujours par repartir à la cuisine car personne n'osait la prendre. Je me souviens d'un repas où trois fourchettes un peu plus audacieuses que les autres se plantèrent en même temps dans le dernier morceau. Cette scène me fit beaucoup rire tandis que ma tante me lançait un regard noir.

J'étais donc sur la route avec mon père quand notre voiture a dérapé et atterri dans un fossé avant de se retourner. La route étant peu fréquentée, nous sommes restés longtemps prisonniers dans la voiture. Heureusement, un paysan qui passait par là, avec ses vaches, nous a aperçus. Mon père et moi nous sommes allés à l'hôpital tandis que les vaches parvenaient non sans mal à tirer notre véhicule hors du fossé. Ce fut une grande aventure pour la petite fille que j'étais.

Mon père était un bel homme, grand et sportif. Il nageait si bien qu'il remporta des concours. De temps en temps, il m'emmenait sur la plage pour nager avec lui. Je me revois encore dans mon maillot de bain rouge avec un petit canard jaune sur le devant. Mon père me hissait sur ses épaules et marchait dans l'eau jusqu'à ce qu'elle lui arrive jusqu'au cou. Alors, il me jetait dans la mer la tête la première et nageait en me tirant par un pied. J'étais très mal, j'avalais beaucoup d'eau. J'adorais la plage mais ces moment-là n'étaient pas pour moi une partie de plaisir. Quand il donnait des leçons de natation à ses copines, j'avais remarqué qu'il était beaucoup plus doux, les prenant délicatement par la taille. Il se gardait bien de les jeter à la mer comme un vulgaire paquet. Aujourd'hui, avec du recul et de l'expérience, je réalise qu'être parent est un véritable don.

Une forteresse devient notre nouvelle maison

Parce qu'il s'était fâché avec mon grand-père, mon père dut chercher du travail. Son frère Major lui proposa d'être responsable de la forteresse, ce qu'il accepta. Ce fut notre nouveau domicile et mon frère vint vivre avec nous. L'énorme bâtisse nous changeait complètement de notre petite maison du centre de Péniche. Pour atteindre l'immense porte cochère qui y donnait accès, nous devions traverser un grand pont au-dessus de la mer. Nous étions alors sous le regard des gardiens qui nous observaient par une minuscule fenêtre. Après avoir frappé, on nous ouvrait la porte et nous pénétrions à l'intérieur. Sur notre droite se trouvait la chapelle et pas très loin, une rampe qui conduisait tout en haut vers les murailles gardées par la garde républicaine. La relève avait lieu tous les mois. Si nous continuions de monter, nous arrivions sur de grandes terrasses dont le sol comportait des puits de forme carrée. En fait, il s'agissait d'une sorte d'oubliettes. Il y a deux cents ans, on y enfermait des prisonniers et la fosse était si profonde qu'on leur descendait à manger au bout d'une corde. On les avait baptisées les «casas» de la mort. En les regardant, j'étais très impressionnée.

En redescendant de l'autre côté, on accédait aux cachots. Dans la grande cour de la forteresse, au beau milieu, il y avait sur le sol une sorte de puits. Ce trou béant donnait directement sur la mer et quand on se penchait pour regarder, on apercevait les vagues qui se fracassaient contre les rochers. Un jour, l'infirmier de la forteresse laissa une cane gambader dans la cour mais le pauvre animal perdit tous ses canetons dans l'océan. Suivant leur mère, ils tombèrent tous dans un trou. Affolée, la cane tournait dans tous les sens en caquetant tandis que j'assistais à la scène depuis ma fenêtre. Cette vision horrible est toujours restée dans ma mémoire.

À droite, des marches conduisaient à une longue terrasse couverte qui comportait de nombreux piliers en pierre comme au moyen-âge. C'est là que se trouvaient les appartements des sergents et des officiers. Nous, nous habitions au fond, en face de l'immense cantine réservée aux détenus. Les portes de notre logement étaient très larges et nous devions utiliser des clés énormes. Toutes les pièces mesuraient au moins trente-cinq mètres carrés, même la cuisine. De chaque côté, il y avait de grandes fenêtres avec des pierres qui sortaient du mur, formant des petits bancs. Nous disposions d'une vaste cheminée pour préparer les repas.

De la terrasse, on avait une vue magnifique sur l'océan. On voyait très loin, jusqu'à l'horizon. L'hiver, les jours de tempête, la mer en furie fouettait la forteresse dans un bruit assourdissant. Parfois, lorsque l'océan était déchaîné, de gros navires venus de très loin faisaient une halte imprévue pour s'abriter dans notre port. Nous regardions souvent passer les bateaux et nous devinions tout de suite si la pêche avait été bonne ou non. Parfois, nous saluions le mari de tante Barbara qui nous faisait signe avec un gros coquillage. Si j'étais en train d'essuyer la vaisselle, je lui répondais en agitant mon torchon.

Enfermés dans la forteresse il y avait des Portugais mais aussi des Indiens. Certains travaillaient pour nous. Porffirio, un jeune détenu, venait le samedi laver les parquets en bois avec un savon spécial de couleur jaune. Pour chaque pièce, ma mère lui demandait de changer d'eau trois fois. Il devait aussi gratter avec une brosse. Un autre détenu surnommé le tueur et dont le visage était plein de tâches, nous amenait de l'eau pour les bains que nous prenions dans de grands récipients en zinc. Monsieur Étoile était un jeune prisonnier originaire de Madère. Travaillant très bien le rotin, il me fabriquait des paniers. Il y avait aussi un menuisier qui me fit de jolies sandales en bois. C'est monsieur Étoile qui fabriqua les lanières qui permettaient de les attacher. Je me souviens également d'un médecin français, détenu dans la forteresse. Il venait à la maison donner des cours de français à mon père. Le docteur Jellais était un homme charmant que j'appréciais beaucoup. Il m'avait retiré les verrues que j'avais sur les doigts de la main.

Depuis que je vivais avec mes parents, je souffrais de leur dureté. Ils ne se montraient jamais tendres à notre égard. Pour combattre ma tristesse, je m'évadais dans la lecture. La forteresse possédait une grande bibliothèque où je m'approvisionnais en livres. Un jour, j'ai demandé à mon père de m'apporter *Les Misérables* de Victor Hugo. Je l'ai dévoré, je lisais même la nuit pendant que tout le monde dormait. Il ne m'a fallu qu'une seule semaine pour venir au bout des trois tomes. Inutile de dire que j'ai beaucoup pleuré.

La tendresse et la joie de vivre de Papy et Mamie me manquaient beaucoup. Chez mes parents, je ne faisais plus de couture et je ne donnais plus de spectacles à mes petites copines. L'ambiance était complètement différente. Il y avait beaucoup de tristesse et la discipline était stricte. Si mon frère et moi avions le malheur d'arriver en retard pour le repas, nous étions privés de manger. J'aimais beaucoup la plage mais ma mère trouvait toujours une excuse pour ne pas m'y emmener. Elle n'aimait pas la plage, je ne devais donc pas l'aimer. Un jour l'épouse du sergent Chelles a demandé à mon père si elle pouvait m'y emmener avec ses filles mais il a répondu non. Pourtant, ce jour là il n'y avait pas d'école. Aux yeux des autres, mes parents passaient pour un couple très moderne mais ce n'était qu'une apparence. En vivant avec eux, les gens auraient été bien étonnés de découvrir leur véritable caractère.

Madame Chelles, la femme du sergent, avait demandé à ma mère pourquoi elle me coiffait avec des nattes. Mes cheveux faisant de jolies bouclettes, elle trouvait dommage de les emprisonner ainsi. À partir de ce jour là, ma mère me fit des anglaises. Le dimanche suivant, à la sortie de la messe, le prêtre s'est exclamé en me regardant : « *oh, mais comme elle ressemble à la Sainte Vierge* ! » Cela avait provoqué l'attroupement de beaucoup de jeunes filles autour de moi.

À longueur de journée, ma mère répétait qu'elle était belle. Quant à moi, je ne trouvais pas grâce à ses yeux et à l'entendre, je n'avais que des défauts. Elle disait que j'avais de petits yeux, un menton en violon et que ses pieds étaient beaucoup plus beaux que les miens. À force d'entendre toutes ces méchancetés, je me croyais moche et j'étais devenue très complexée. Un jour, alors que j'étais allongée et que l'un de mes pieds dépassait de la couverture, mon père fit la remarque que j'avais de jolis pieds. Ma mère fit comme si elle n'avait rien entendu, sans doute meurtrie par la jalousie. Mais bien des années plus tard, alors qu'elle était devenue une femme très âgée, elle me fit une réflexion qui m'étonna beaucoup. Me regardant longuement, elle me dit : « J'*aurais beaucoup aimé avoir ton corps !* »

Moi à quatorze ans et mon frère (1947)

Carlos avait alors treize ans, un an de moins que moi mais il avait le droit de sortir seul le samedi et le dimanche pour aller retrouver ses copains. Tandis que moi, simplement parce que j'étais une fille, je ne pouvais sortir qu'accompagnée de ma mère. Nos parents ne nous donnaient jamais d'argent de poche et mon frère me disait qu'il avait honte et qu'il en souffrait car ses copains pouvaient s'acheter des bonbons ou des jouets et lui jamais rien. Heureusement, je recevais un peu d'argent de la part de Mamie pour pouvoir m'acheter des friandises. J'avais signé un « contrat » avec ma grand-mère : si je l'avertissais lorsqu'un bateau de sel entrait dans le port, elle me donnait une bonne pièce. J'étais aussi très gâtée par tonton Chico. Il m'a offert ma première montre et un très joli costume typique du Minho, province du nord du Portugal.

Carlos était souvent battu par mon père. Il retirait la ceinture de son uniforme et frappait mon frère aves le coté de la boucle pour lui faire encore plus mal. Tous les prétextes étaient bons pour le battre. Il n'avait qu'une seule paire de bottes et si par malheur, il trouait la semelle en jouant au ballon, la colère de mon père s'abattait sur lui. Carlos hurlais tandis que je regardais la scène en tremblant. Mon frère roulait à terre et mon père s'arrêtais de le frapper seulement quand il ne bougeait plus. Je le mettais au lit et je le soignais en lui passant de la pommade.

J'avais déjà dix-sept ans. Un matin, j'ai dit à mon frère que j'avais oublié de faire le 'baisemain` à papa.

« Demande-lui des excuses. »dit-il. En arrivant devant mon père, balbutiant des excuses et voulant attraper sa main qu'il cachait derrière lui, j'ai reçu une grande claque, j'ai beaucoup pleuré, mon cœur s'est serré.

Ce jour-là, j'ai vu mon père donner une raclée à mon frère parce qu'il avait encore joué au ballon. Il est parti se blottir dans son lit, je lui passais de la pommade sur son petit corps endolori. Je suis allée chez mes cousines avec le cœur serré. Je n'ai rien dit. On est allé à la plage de la Joana ; d'énormes falaises coupées au milieu, comme un immense couloir, pas des grandes vagues mais petites qui déferlent sur la plage, et des petits rochers parsemés par ci par là. Mes cousines avaient leur maillot de bain mais pas moi. Une cousine de trente-cinq kilo, et moi cinquante, me prête son maillot, j'arrive à enfiler son maillot en me tortillant dans tous les sens. Je rentre dans l'eau, je saute de rocher en rocher, je ne voulais pas penser, je voulais oublier la scène de la maison. Le contacte de l'eau me donnait du bien-être incroyable !... Mais..., au moment de retirer le maillot complètement mouillé, je n'arrivais pas à l'enlever, pire qu'une gaine ! Abel, le fiancé de ma cousine me tournait le dos par respect. Je l'appelais, avec beaucoup de mal il me le retira, Mon corps rougit comme une écrevisse, par ce maillot trempé qui me serrait tellement. Gênée, toute nue, je me recroquevillais, et je cherchais désespérément avec mes yeux ma robe, Tout le monde la recherchait. Moi, je n'arrivais pas à me tenir debout, j'avais honte. « *Elle était sur un rocher* » disait Abel. Comme la mer avait monté, ma robe voguait... Finalement Abel crie « Elle est là ! Elle est là ! Stupéfaite !, je voyais ma robe qui tranquillement se berçait sur l'eau ! Tout le monde se jetait à l'eau pour la récupérer sauf moi, replié comme une tortue je continuais à pleurnicher. Sauvée et ravie, je mis ma robe toute mouillée. Nous sommes partis, durant le retour en marchant ma robe avait séché. Cet épisode m'a fait oublier les souffrances de mon frère.

Mon frère a fugué deux fois. Il se rendit à Lisbonne en parcourant à pied près de cent kilomètres, se nourrissant de tout ce qu'il pouvait trouver sur la route. Il se réfugia chez les sœurs et le frère de mon père car ils les appréciaient beaucoup. Très en colère, mon père est allé le chercher et lui a administré une nouvelle correction qui a nécessité des soins. Il est resté au lit plusieurs jours. Encore une fois, je lui passais de la pommade. Autour de nous, on n'osait rien dire, honteux d'avoir un père si cruel, lui qui passait aux yeux de tous pour un homme souriant et sympathique. Je n'avais qu'une hâte, quitter pour toujours la maison de mes parents.

Le soir de la fête de la Saint Jean, ma mère décida de sortir malgré la forte réticence de mon père. Il s'ensuivit même une dispute. Nous avions un poulailler dans la grande cour, contre les murailles et elle prétexta qu'elle devait apporter des œufs à sa mère. Comme à minuit, elle n'était toujours pas de retour, mon père, furieux, décida de cacher la clé dans un tiroir, me recommandant de ne pas la laisser entrer. Lorsqu'à une heure du matin, j'entendis frapper, j'accourrai pour dire à ma mère, à travers la porte, que je n'avais pas l'autorisation de la laisser entrer. Mais je finis par céder et allai chercher la clé. Je n'avais pas le cœur à la laisser toute seule sur le palier jusqu'au lendemain. Ma mère est restée toute la nuit à côté de mon lit, assise sur un fauteuil, tremblante de peur, imaginant sans doute avec terreur la réaction de mon père quand le jour serait levé.

Une nuit, vers trois heures du matin, la grosse cloche de la forteresse se mit à sonner. En l'entendant, nous fûmes tous pris de panique. N'ayant pas pris le temps de s'habiller, mon père se précipita dehors en pyjama pour voir ce qui se passait tandis que ma mère, mon frère et moi, nous regardions par la fenêtre. Il apprit alors que deux détenus venaient de s'évader. Dissimulé derrière un placard, il y avait dans le mur un trou assez grand pour laisser passer un homme. Les fugitifs avaient dû rejoindre un souterrain. Sur le sol, un garde civil gisait sans connaissance, un chiffon imbibé d'éther dans la bouche.

À cette époque, le Portugal était dirigé par Salazar. Les nombreux détenus politiques fomentaient une révolution. La résistance s'organisait, notamment au nord du pays, dans la petite ville de Mealhada. Nous vivions dans un climat d'insécurité. Un corbeau envoya une lettre à mon père lui annonçant qu'une prise d'otages aurait lieu à la forteresse. Quelques années plus tard, ma mère m'apprit que les opposants au régime de Salazar avaient prévu de tuer mon père et de nous prendre ma mère et moi en otage. Mais leurs plans échouèrent et les prisonniers politiques furent transférés dans une autre prison.

À l'époque se Salazar, on ne devait pas beaucoup parler, mais la propreté régnait partout. Une pauvre femme qui vivait de ces dentelles avait secoué son paillasson à l'extérieur s'était retrouvée en prison car elle ne pouvait pas payer l'amende. En sortant, elle avait finalement gagné beaucoup d'argent en vendant ses dentelles alors qu'elle était logée et nourrie.

Mon père avait un ami avec qui il aimait pêcher sur la falaise. Ce monsieur que j'appréciais beaucoup s'occupait d'une troupe de théâtre et il suggéra que ce serait une bonne idée que j'en fasse partie. Mon père, gêné d'adresser un refus à son ami, m'autorisa à assister aux répétitions qui avaient lieu le soir, à Péniche. Un photographe qui faisait des photos de la troupe et qui s'occupait de théâtre, me proposa alors un premier rôle dans une pièce jouée à Lisbonne. J'avais été choisie en raison de mes yeux clairs et de mes cheveux bouclés. Mon rêve de petite fille allait peut-être se réaliser, je n'arrivais pas à y croire. Je me souviens même avoir pleuré de joie. Lorsque j'appris la bonne nouvelle à mon père, il déchira le texte de la pièce que l'on m'avait remis et ne voulut plus jamais en entendre parler.

J'aimais beaucoup Lidia, une sœur de mon père. Elle habitait Lisbonne et avait réussi à convaincre son frère de me laisser venir quelques jours chez elle. C'était une femme charmante, généreuse, drôle. Nous avions beaucoup de points communs et je n'hésitais pas à lui confier tous mes malheurs car je savais qu'elle pouvait me comprendre. Elle avait dû se séparer de son mari, un homme très riche et d'une grande élégance mais un incorrigible coureur de jupons. Ils avaient une fille et un garçon, Julia Marie et José.

Céleste, une autre sœur de mon père, avait épousé un médecin. Il était directeur du sanatorium de Lisbonne. Comme j'avais régulièrement des spasmes au niveau du cœur, j'étais allée le voir sur les conseils de ma tante. Après m'avoir examinée, il déclara que je n'étais pas malade mais beaucoup trop nerveuse. Il me donna quelques conseils et m'interdit de boire du café. Je lui confiai alors que j'aimerais beaucoup exercer le métier d'infirmière et que j'avais sans doute des prédispositions car c'était moi qui soignais tous les «bobos» de la famille.

À l'époque, il fallait deux ans d'études pour devenir infirmière. Mon oncle alla aussitôt chercher un dossier d'inscription et me le remit en me disant *: «essaye de convaincre ton père ! Si tu y parviens, je t'engagerai et si tu me donnes satisfaction, je te ferai monter en grade.»* Mais en arrivant chez moi, mon père déchira le dossier que mon oncle m'avait donné et me gifla. Malheureuse comme les pierres, je pris la décision de partir, de quitter pour toujours la maison de mes parents. Je préparai en douce ma valise et la dissimulai dans la maison de Mamie, en la glissant sous son lit. Mais en faisant le ménage, ma grand-mère la découvrit et avertit ma mère en lui faisant promettre de ne rien dire à mon père. Malheureusement, elle ne tint pas ses promesses et je reçus par mon père une raclée monumentale qui m'obligea à rester enfermée à la maison pour ne pas montrer mon visage couvert de bleus.

Une vie difficile avec des parents très durs.

J'ai très vite réalisé que la chance me tournait le dos, que tout m'était interdit. Malgré mes capacités, on m'enleva très vite des bancs de l'école alors que mes cousines et mes copines poursuivaient leurs études. Quant à mon frère, il étudia à la maison. Il suivait des cours par correspondance. Plus tard, il trouva du travail chez notre oncle José. Cet ancien avocat devenu notaire habitait avec tante Albertine à Atoguia la baleine, à six kilomètres de Péniche.

Mon frère et moi, nous étions très différents physiquement. Lui était brun et très mince. Je sentais que ma mère ne le portait pas dans son cœur. « *Comment peut-il être mon fils ?* », disait-elle en le regardant. *« Avec ses grandes oreilles, on dirait un singe.*» Tant de cruauté me rendait triste. Pourtant, la seule chose dont mon frère avait hérité de notre mère était bien ses oreilles.

Toujours privé d'argent de poche, il lui arrivait de piocher discrètement dans le porte-monnaie de notre mère mais celle-ci s'en apercevait et le dénonçait aussitôt à notre père. Une fois par semaine, il recevait quelques pièces pour aller chercher du vin rouge chez un vigneron nommé Luis Cristo. Mais pour un enfant sans le sou, la tentation était trop forte et il lui arrivait de garder l'argent au fond de sa poche. Mon père a fini par s'en apercevoir et ce jour-là est resté dans ma mémoire. Il a trainé son fils partout, le bourrant de coups de pied, le fouettant avec une ceinture du côté de la boucle en métal. Horrifiée par la scène, je tremblais de tous mes membres et fis même pipi dans ma culotte. Suite à cette scène, mes nuits étaient peuplées de cauchemars, je voyais mon père habillé en diable, frappant avec une grosse corde à clous mon frère attaché à un arbre. Une autre fois, il devait avoir quatorze ans, mon frère alla acheter des livres et des cahiers mais garda la monnaie pour lui. Cela lui valut quatre jours de cachot, au pain et à l'eau.

Un jour, il reçut un beau cadeau de tante Lidia, la sœur de mon père qui habitait Lisbonne. Il s'agissait d'un costume bleu pétrole avec la casquette assortie, signé «Old England», une marque solide et réputée. Mes parents n'attachaient pas une grande importance à la façon dont nous étions vêtus. Pour eux, l'essentiel était d'être propre et de bien manger. Il faut grossir pour embellir, disait souvent ma mère.

J'ai fêté mes quatorze ans à Alenquer, jolie ville de Camargue. Mes parents, mon frère, mes cousines Piedade et Milay et moi, nous y avons passé un mois. Regardant en haut à mille cinq-cents mètres, on voyait la belle église et en éventail de très belles maisons. Dans les alentours il y avait beaucoup de propriétés avec de jolis manoirs. Mon père nous en fit visiter quelques-unes qui appartenaient à des cousins, la famille de mon père était d'Alenquer. Une anecdote notoire. Nous étions invités par un vieux cousin. Pedro d'Oliva. Il faisait très chaud et mon père préférait manger à l'ombre des beaux raisins grimpants. Luisa, la femme de mon cousin, rempli une très belle bouteille de vin rouge en disant : « *Attention à ne pas la casser* ». Mais en sortant, le grand chien Bandolin courut vers mon frère qui cassa la bouteille contre la grande borne. Le pauvre pleurait de peur, il était trempé de vin. Mon réflexe fut de courir voir la cousine Luiza, je me suis fait drôlement gronder, mais je lui demandai de ne pas le dire à mes parents. Puis, en voyant qu'à trente mètres de mes parents, il y avait un énorme bas plein d'eau, j'ai dit à mon frère de plonger dedans tout habillé, sans même enlever ses chaussures. Il fallait faire vite car mes parents bavardaient le dos tourné. Plus tard, devant mes parents les yeux grands ouverts, mon frère expliqua qu'il mourrait de chaud, ce qui lui avait permis d'échapper à une belle punition, sans parler de la bouteille de vin bien sûr.

Vacances à Alenquer,

Mes cousines, ma mère, mon frère et moi

Chez d'autres cousins, nous avions fait griller des châtaignes à l'ombre des arbres. Mon père partit chercher du cidre et revint une heure plus tard, bien disposé. Nous avons bien mangé et bien bu. Au moment de se lever, nous étions à peine debout que mon père réalisa qu'il avait oublié de nous prévenir que le cidre qu'il était parti cherché était en fait du vin blanc.

Les vendredis, on se levait très tôt, mon frère, mes cousines et moi pour voir un drôle de spectacle, à l'abattoir. On montait au premier étage et sur le balcon, on regardait les taureaux qui refusaient de se faire prendre. Alors, parfois les bons hommes étaient obligés de plonger dans les bacs d'eau très sales et restaient la tête sous l'eau à attendre que le taureau s'éloigne. Aujourd'hui, je ne ris pas autant, mais jeunes, cela nous rions de peu.

Lorsque ma mère était de bonne humeur, elle me racontait des histoires concernant la famille. Ainsi, elle m'apprit que mon grand-père paternel voyait d'un très mauvais œil son mariage avec mon père car elle n'était pas issue du même milieu. Il avait d'abord été fiancé à une aristocrate qui était fort laide selon ma mère. Quand toute la maison était endormie, mon père lançait une corde par la fenêtre de sa chambre et se laissait glisser dans le jardin. Gagnant furtivement l'écurie, il enfourchait son cheval blanc et empruntant la plage à marée basse, galopait à la rencontre de ma mère. Une nuit, réveillé par un bruit suspect, mon grand-père se posta à la fenêtre avec sa carabine et dans le noir manqua de tuer son fils. Les deux amoureux se faisaient passer des messages avec la complicité de Léocadia, la lavandière.

Tonton Ludgero était le frère de ma mère. Marié avec tante Guiumar, il avait deux filles. Tous les quatre formaient une famille heureuse. Ma tante était une femme simple mais très jolie. Elle et son mari m'aimaient bien. Mon oncle disait que ma mère n'avait pas été une enfant facile et que ses parents perdaient souvent patience car elle leur répondait mal.

Avec tante Guiumar et tonton Ludgero.

Ma mère manquait de logique et ne voulait en faire qu'à sa tête, refusant d'écouter les conseils. Ne supportant pas la moindre contrariété, elle voulait toujours avoir raison. En allant à Caldas sur la demande de ma mère, une amie nous a apporté un bon café d'une maison spécialisée. Ma mère l'a fait tellement fort et je devais le boire comme ma mère ?

Cela m'a rendue très malade, j'étais jaune jusqu'au fond des yeux et de l'eau me sortait par la bouche. Je tremblais de fièvre. Se sentant coupable, elle n'a pas osé faire venir le médecin mais elle m'a fait des tisanes pendant trois jours pour soulager mon pauvre foie. Parfois, mieux valait rire de ses maladresses et de ses étourderies comme ce jour où elle fit de la confiture de cerises aussi dure que du béton, à tel point qu'en l'enfonçant dans le pot on cassait les cuillères. Il nous a fallu tout jeter. Mon père lui disait : « *pour que tu comprennes, il faudrait t'ouvrir la tête* ! » Beaucoup plus tard, alors qu'elle était âgée de quatre-vingt-treize ans, ma mère me fit une autre confidence. Elle me raconta qu'au début de son mariage, elle avait par ignorance cuisiné un poulet avec ses tripes.

Mamie me racontait que ma mère avait été une enfant fragile. À peine arrivée à la plage, elle devait aussitôt repartir car la petite toussait et se plaignait de maux de tête. Elle avait contracté le typhus à l'âge de quatre ans et le médecin n'était pas très optimiste sur les années qu'il lui resterait à vivre. Ironie du destin, ma mère est décédée à l'âge de quatre-vingt-quatorze ans, le premier septembre 2007.

J'avais un problème dentaire, une dent mal placée qui en chevauchait une autre et m'empêchait de fermer correctement la bouche. Chaque fois que je riais, je me cachais derrière ma main. Je dormais la bouche fermée et, le matin, au réveil, ma langue était souvent meurtrie. Elle saignait et me faisait mal. La seule solution était de porter un appareil comme le suggéra le dentiste que j'allai voir avec ma mère. Elle s'engagea à suivre ce conseil devant le praticien mais n'en fit rien quand il eut le dos tourné, prétextant que j'allais être défigurée. Quant à mon père, il fit la sourde oreille si bien que je continuai à souffrir et à avoir honte de ma vilaine dent.

Le jeudi j'étais de corvée de repassage. À l'époque il n'y avait pas de tissu synthétique, il fallait donc tout repasser. J'avais notamment sept chemises blanches à repasser pour mon père qui en changeait chaque jour de la semaine. C'était à moi qu'incombait cette tâche hebdomadaire car mon père reprochait à ma mère de ne pas savoir repasser. Le vendredi et le samedi, je faisais le ménage de 9 heures du matin à 7 heures du soir, agenouillée par terre, frottant les parquets à la paille de fer, les nettoyants au white spirit, avant de les faire briller le lendemain. Sous prétexte que j'étais plus habile de mes mains que ma mère, me revenait aussi la corvée du poisson. Depuis que j'avais lu *Les misérables*, je me comparais à Cosette et mes parents aux Thénardier.

À partir de 1940, pendant la guerre, nous ne mangions pas toujours à notre faim car tout était rationné. Sur les fiches, prétextant que nous avions une employée de maison, mon père indiquait que nous étions une famille de cinq personnes pour avoir une ration de plus. Souvent il allait pêcher derrière les cachots, sur une terrasse surplombant l'océan. Comme il était le seul à y venir, les eaux étaient grouillantes de poissons : des brochets, des congres, des murènes, des dorades grises. Un jour, il nous ramena un grand homard.

Un dimanche soir, alors que nous rentrions à la forteresse avec ma mère, nous sommes restés figés devant le spectacle qui nous attendait. Sous la voûte, alignés sur deux files des soldats allemands étaient au garde à vous et un officier leur criait des ordres. Tous ces regards durs tournés vers nous nous faisaient peur. J'appris par la suite qu'ils avaient été secourus au large de Nazaré après avoir fait couler leur sous-marin. Mon père les logea dans des cellules qui se trouvaient en dessous de notre appartement et comme ils ne parlaient pas un mot de portugais, il devait communiquer avec eux en faisant de grands gestes.

Entre la musique et le tapage alimenté par la bière qui coulait à flots, nous avions du mal à trouver le sommeil. Un après-midi, complètement ivres, ils se dirigèrent vers le fond de la cour et hurlèrent en direction des rochers et de la mer.

Après leur départ, ce fut un grand soulagement. Ils laissèrent quelques objets derrière eux : un poignard que j'ai toujours gardé en souvenir et un morceau de cuir qui servit à confectionner des chaussons pour ma mère et pour moi, une paire de chaussures à lacet.

Mon père part travailler en Afrique

Mon père commença à se lasser de son travail à la forteresse. Un détenu indien lui donna une adresse pour un travail en Angola mais ce fut un fiasco. Mon oncle le major qui avait beaucoup de relations fit alors appel à un vieux cousin qui vivait en Afrique depuis dix-huit ans et possédait une plantation de thé au Mozambique. Il accepta d'accueillir mon père qui quitta le Portugal pour l'Afrique. Cette séparation n'enchanta pas ma mère et nous dûmes déménager. C'est à ce moment-là que je perdis ma grand-mère paternelle. Quelques jours après, mon oncle le Major nous a appelés pour nous dire d'aller voir les Ballets Russes d'Irina Gresbina ; en disant : *« on ne voit ça que tous les cent ans ».* J'avais quinze ans. Comme le monde est petit.

Après le départ de mon père, ma mère, mon frère et moi, nous nous sommes installés dans un appartement spacieux et agréable, près de chez Mamie. Nous disposions d'une grande cour avec une large terrasse, d'un hangar et d'une citerne pour recueillir les eaux de pluie. En plus d'une dépendance, l'habitation comportait sept pièces. N'ayant plus le détenu Profirio pour laver le sol, je vis d'un mauvais œil le parquet ciré, n'ignorant pas que pour son entretien, ma mère ne me serait pas d'un grand secours. À vrai dire, elle aimait seulement faire de la dentelle et laver le linge à la main. Sans la présence de mon père, nous vivions dans un système beaucoup moins militaire. J'avais plus de liberté et le dimanche, après la messe, j'allais au parc en compagnie de mes copines.

Mes amies, Adélaïde, Milay, Emilie et moi-même à Péniche

La façon dont ma mère m'observait me mettait mal à l'aise. La porte de notre salle de bains était surmontée d'une vitre et chaque fois que je prenais mon bain, elle m'espionnait. À table, elle suivait attentivement le mouvement de ma fourchette lorsque je portais les aliments à la bouche. Au petit déjeuner, elle me servait une tasse de lait et deux énormes tartines beurrées avec l'intention de me faire grossir. Pour elle, une femme ronde était forcément belle. N'ayant pas un gros appétit, je faisais disparaître un peu de nourriture sous la table sans qu'elle s'en aperçoive.

Je me regardais souvent dans la glace et cela me

désespérait car je n'aimais pas l'image qu'elle me renvoyait. Ma mère se répétait tous les jours qu'elle était la plus belle ne se gênant pas pour me reprocher mes petits yeux et mon menton de violon. Elle faisait souvent appel à moi pour la coiffer et la maquiller. Je lui posais sur la tête un rouleau qui ressemblait à un boudin noir et j'y introduisais ses cheveux. Lorsque je sortais, elle me recommandait de ne pas lever les yeux sur les garçons. Mais ses recommandations étaient bien inutiles car de moi-même, je n'osais pas les regarder, honteuse de mes dents mal placées et me jugeant laide. Heureusement, j'avais Mamie pour me donner confiance en moi, me dire que j'étais jolie, m'encourager. Elle me donnait beaucoup d'amour. Quand ma mère fut devenue une dame âgée, elle m'apprit qu'elle avait été jalouse de moi. Jamais je ne l'aurais cru.

Mamie me fit un très joli cadeau, un tissu blanc avec des cerises. C'était très à la mode. Je décidai de m'en faire une robe et après en avoir fait le dessin, j'en confiais la réalisation à Natalia, une couturière qui habitait en face. Le résultat fut une merveille. Je recommandai à ma mère de ne jamais la laver à l'eau de pluie mais avec l'eau du robinet, lui expliquant que le calcaire retenait les couleurs. Quelques jours après, alors que je passais dans la cour, j'aperçois ma robe dans une grande bassine avec un gros morceau de savon posé dessus. L'examinant d'un peu plus près, je constatai avec effroi que les cerises pleuraient des larmes rouges. Il n'y eut pas que les cerises qui furent en pleurs et lorsque je croisai le regard de ma mère, elle m'évita soigneusement et me tourna le dos comme si de rien n'était.

Je voyais régulièrement ma cousine Milay, fille de ma tante Barbara. Son père était issu d'une famille modeste. Il avait mis sa fille au collège à Coimbra mais à l'âge de quinze ans, elle trouva un fiancé et laissa tomber les études. Elle le regretta plus tard. Je la trouvais bien jeune pour se fiancer, à sa place j'aurais préféré continuer mes études mais je n'en ai pas eu la chance. Avoir arrêté très tôt mes études restera toujours un regret pour moi. J'aurais beaucoup aimé aller dans la même école que ma mère. Elle me racontait qu'il y avait des garçons qui passaient en vélo et qui hélaient les filles en faisant retentir leur sonnette. Elle me raconta qu'en face de l'école habitait un jeune musicien qui jouait de la guitare. Un jour, par la fenêtre ouverte, les filles lancèrent des noyaux de cerise dans son instrument de musique qui était posé sur le lit.

Ma mère me mettait en garde contre les hommes, elle avait peur de tout et voyait la vie en noir ce qui faisait dire à mon père qu'elle était un oiseau de mauvais augure. Ce n'était pas facile non plus de lui faire changer ses habitudes. Ainsi, quand le pantalon devint à la mode pour la femme, elle me dissuada d'en porter prétextant que cela ne m'allait pas. Naïvement je la croyais et c'est seulement à l'âge de cinquante-huit ans que je me suis décidée à en porter.

Ma mère se montrait toujours aussi sévère. Je me souviens avoir été battue pour avoir renversé un bol de sauce qu'elle avait mis à refroidir derrière la porte qui donnait sur la cour. En revenant du dehors et en ouvrant la porte de la cuisine, quelque chose était tombé. Ma mère, pour refroidir la sauce, a mis un bol par terre. Derrière la porte, elle a pris la fameuse cuiller. Elle m'a frappé sur la tête et sur le dos. J'avais dix-sept ans. Je me sentais très malheureuse. Elle me traitait de chèvre ou de folle. Elle voyait le mal partout, critiquait tout le monde. Donnant foi aux ragots, elle m'interdisait de saluer tel ou tel voisin. Certes mon père avait des défauts, il était coléreux et autoritaire mais il n'était ni médisant ni menteur. Tante Guiumar m'avait dit qu'il s'était parfois confié à elle, lui révélant qu'il n'était pas heureux avec ma mère.

Mon père revint d'Afrique, malade et affaibli, supportant mal les médicaments qu'il devait prendre pour lutter contre les fièvres. Mais la semaine qui suivit son retour, il fut charmant. Je ne l'avais jamais vu aussi souriant, nous avons même joué à cache-cache dans la cour. Hélas, passé ces quelques jours, le système militaire reprit de plus belle. Un jour, revenant de la foire, il ramena un fouet en disant que cela pouvait servir.

Je fais battre le cœur d'un garçon

Maria Adélaïde et son frère Chico habitaient à trente mètres de chez nous. Leur mère vendait des dentelles et leur père était artisan menuisier, il faisait tout à la main. L'hiver, nous les recevions à la maison pour jouer au loto. Chico tomba amoureux de moi. Chaque fois que je passais devant sa fenêtre, il m'envoyait des baisers. Comprenant notre manège, ma mère m'interdit de le voir, prétextant qu'il n'était pas un assez beau parti pour sa fille.

J'ai vingt ans

Chico rêvait de devenir mécanicien pour les avions mais le destin en décida autrement et il répara les voitures. Il a émigré au Canada et il est devenu très riche. Directeur d'usine, il se déplace avec un avion personnel. Pour ma mère, aucun garçon n'était assez bien pour moi. Tonton Chico lui disait avec un petit air moqueur : « *tu veux un roi pour ta fille ?* » Finalement, j'ai compris qu'elle avait surtout besoin de moi pour lui servir de Cosette.

Dans la cour, nous avions une grosse table rustique sur laquelle je préparais le poisson pour l'hiver. Il y avait de la morue sèche appelée aussi cabillaud que nous cuisinions de plusieurs façons. En matière de préparation, j'avais hérité des dons de mon père. Lorsqu'il faisait trop froid, je demandais à ma mère de rentrer pour être au chaud dans la cuisine où se trouvait une grande cheminée à l'ancienne. Mais elle ne voulait rien savoir et je devais rester dehors à me geler. Sans doute craignait-elle que je salisse sa cuisine. Tante Guiumar en faisait le reproche à ma mère lui disant que j'allais tomber malade mais elle n'avait pas davantage de succès. Je travaillais alors sous le regard apitoyé d'une voisine dont la porte de la cuisinc donnait sur notre cour. Je finissais par attraper une bronchite qui se doublait d'une crise d'asthme. Un jour, à côté du parc, ne parvenant plus à respirer, je suis tombée dans la rue. Ce sont deux messieurs qui m'ont ramenée à la maison. Ma mère a appelé le docteur qui a diagnostiqué une bronchite asthmatique. C'était un jeune médecin sans expérience qui ne m'a pas donné le bon traitement. J'en souffre toujours aujourd'hui et avec l'âge mes crises ont empiré.

Nommée catéchiste, j'avais pour élèves des garçons à qui j'enseignais la religion chaque dimanche avant la messe. Le samedi matin, en compagnie de ma cousine Milay, j'allais chercher des fleurs dans une ferme afin de décorer l'autel de la Sainte Vierge des Pécheurs. Mais un jour, parce que la fermière était prise par son travail, nous sommes revenues à la maison avec du retard. Si ma cousine fut très bien accueillie par sa mère, tante Barbara, qui comprit parfaitement la situation, il n'en fut pas de même pour moi. Se mordant les lèvres de plaisir, ma mère m'administra plusieurs coups de fouet, faisant la sourde oreille à mes tentatives d'explications. Je ne l'avais jamais vue aussi déchaînée parce qu'il fallait mouliner les haricots. J'avais pourtant fait une bonne action en allant chercher des fleurs pour décorer l'autel de la Sainte Vierge. Révoltée par une telle injustice, je me précipitai sur son coussinet et tirai si fort sur les bâtonnets que j'abîmai sa dentelle. Elle a crié et j'ai senti de la peur dans son regard. Moi, de rage, j'ai jeté le fouet sur le toit.

Mon oncle Joaquim trouva un autre emploi pour mon frère à Lisbonne. Il était content d'être hébergé par son oncle car il l'appréciait beaucoup. C'était un homme patient et d'une grande gentillesse. Avant son départ pour la capitale, nous sommes tous allés écouter des chanteurs célèbres qui se produisaient dans le parc. Le soir dans la rue, on a croisé monsieur Chaves, le metteur en scène ami de mon père et on l'a tous salué. À peine étions-nous rentrés que mon père est arrivé comme une furie dans ma chambre pour me donner des coups de ceinture. Je m'étais déshabillée et j'étais nue. J'étais très mal à l'aise car mon frère voyait toute la scène. J'appelais au secours et mon oncle Chico qui était notre voisin arriva avec sa femme et s'opposa à mon père en le traitant de bourreau d'enfants. J'ai longtemps gardé des marques sur les reins et sur le dos. Quelque temps après j'ai commencé à avoir des crises de cystite mais alors, je ne pensais pas que c'était les séquelles de la maltraitance. Mon pauvre frère aussi, suite à des coups, a été bloqué au lit avec une grave infection urinaire. Lorsque je me suis mariée à l'âge de vingt et un ans, je continuais à avoir des crises. J'étais à bout, j'en avais marre de supporter toutes ces violences ainsi que l'hypocrisie et la mythomanie de ma mère.

Parfois on rentrait du bal très tard et à huit heures du matin, je devais être debout. Ma mère ne me réveillait jamais en douceur. Elle frappait si fort à ma porte que je me réveillais en sursaut. Mamie voyait bien que je n'étais pas heureuse mais me recommandait d'obéir. Mon père ne supportait pas le moindre retard à table et j'avais les coudes bleutés par les coups qu'il m'administrait avec le manche de son couteau. À cause de mes parents, je vivais dans le stress et l'angoisse. Je me sentais toujours malade, le ventre ballonné et les intestins bloqués. J'étais pourtant d'un naturel gai et j'aimais me retrouver avec mes copines, cela me permettait de penser à autre chose.

Mon rêve était de devenir comédienne ou de réaliser des costumes de scène. J'aurais aussi aimé être styliste. Je ne me voyais pas travailler dans un bureau à longueur de journée. Sans jamais avoir appris la broderie, je me débrouillais bien et me montrais plutôt habile. Je me rappelle avoir fait quelques surprises à Mamie en lui confectionnant des napperons que je disposais en douce sur sa table de nuit. Ma grand-mère brodait à merveille, je conserve encore chez moi de jolies chemises de nuit toutes brodées et des serviettes en lin avec des franges magnifiques faites à la main. Le blanc était alors à la mode. Comme toutes les jeunes filles j'ai commencé à préparer mon trousseau. Mon père a acheté beaucoup de tissus de bonne qualité pour me faire des draps. Sous le regard envieux de ma mère, je les ai brodés en y ajoutant de la dentelle ou du crochet que m'avait confectionnés Mamie. Mais il fallait faire pareil pour ma mère.

Quand on voyait mes parents dans la rue, ma mère toujours bien pomponnée et mon père très aimable avec ceux qu'il rencontrait, on était loin de se douter de l'enfer que je vivais à la maison. Aujourd'hui, la vie m'a beaucoup appris et notamment qu'il faut vivre avec les gens pour bien les connaître.

Comme Mamie disait si bien : « *On voit leur visage mais on ne voit pas leur cœur !* » Un jour, alors que je demandais à ma mère pourquoi elle s'était mariée, elle me répondit pour avoir une maison et des enfants. Je rajoutai : « *Également un mari ?* » « *Bien sûr* », me répondit-elle avec une certaine gêne. J'avais déclaré à tante Barbara que si je me mariais je ne voulais pas avoir d'enfants. Très étonnée, elle m'en demanda la raison. Je lui répondis que l'amour faisait souffrir, que je serais toujours inquiète pour mes enfants, que j'aurais peur qu'il leur arrive quelque chose.

Me marier pour quitter mes parents

Pour fuir les brimades et les coups qui étaient le lot de ma vie quotidienne, j'avais hâte de me marier et de quitter définitivement la maison. Je décidai donc de chercher un fiancé, prête à prendre le premier qui se présenterait. Un jour sur la plage, j'ai fait la connaissance d'un garçon très mignon aux yeux verts et aux cheveux roux. Il était bien habillé. Je regrettai une seule chose, sa petite taille. Il s'est approché de moi et sur le sable il a écrit : je t'aime. Pensant à tout ce que j'endurais à la maison, il m'apparut alors comme un sauveur. Issu d'un milieu de pêcheurs, il me raconta avec fierté que son père possédait un grand bateau. Ma mère à qui je m'étais confiée, aurait préféré que je choisisse un homme d'un milieu social plus élevé. Elle lui interdit l'entrée de notre maison et nos premières rencontres eurent lieu dans le parc. Pour avoir quelques conseils sur le mariage et le choix d'un mari, j'allais voir madame Augusta, une sage femme amie de la famille.

Mon frère fut appelé par l'armée pour faire son service militaire. Comme il était le neveu du major Baltazar, il a été pistonné. On lui a trouvé une place dans le secrétariat. Un jour, de passage à la base où mon frère faisait son service, mon oncle lui avoua sa satisfaction de le voir dans son régiment et lui fit entrevoir une carrière d'officier. J'étais contente pour lui.

Lorsque l'été arrivait, nous allions souvent à Baléal, une petite île avec de jolies maisons qui se trouvait à une heure trente de marche de là où nous habitions. Pour nous y rendre, nous passions par la plage. Je pouvais aussi profiter de ma cousine Ligia qui venait avec ses parents passer ses vacances à Péniche. Ils quittaient alors le manoir qu'ils habitaient à Lisbonne, en face de la duchesse de Palmela, pour séjourner dans une maison située sur la falaise, face à la plage. J'ai le souvenir de très bons moments passés avec ma cousine, une jolie brune aux yeux bleus avec des cheveux bouclés que je comparais à Diane Durbin, la célèbre actrice américaine. Sa mère s'appelait Hortensia et son frère Victor. Malgré leur gentillesse à mon égard et leur grande simplicité, je me sentais inférieure à eux, peut-être parce que mon père m'obligeait à les vouvoyer.

J'avais le droit de voir mon fiancé seulement deux fois par semaine, le soir après le repas. Comme ma mère lui interdisait l'entrée de la maison, je me tenais à la fenêtre. L'hiver en plein froid, ce n'était pas très gai. Mes cousines Milay, Adeline et Juju, filles de l'oncle Ludgero n'avaient pas ces interdits et j'appris que mon père pouvait entrer chez Mamie pour rendre visite à sa fiancée.

Quand le vent se mettait à souffler, mes crises d'asthme revenaient. Sans dire à personne, j'allais à la pharmacie demander des conseils. J'avais découvert que l'alcool de camphre appliqué sur la poitrine me soulageait.

Je venais d'avoir vingt et un ans, j'étais donc majeur, quand mon fiancé décida de me présenter à ses parents. Comme je devais séjourner chez eux quelques jours, j'emportai une valise. Ils habitaient à Péniche, pas loin de la plage du nord, dans un immeuble de deux étages avec une grande cour qui se trouvait à l'arrière. Je dois dire que je fus très bien reçue. Sa mère se prénommait Céleste. Je fus étonnée de découvrir une vraie Barbie, toute petite, très mince, bien proportionnée, de magnifiques yeux bleu turquoise, des cheveux châtain foncé. À mon grand étonnement, elle portait encore la tenue traditionnelle des habitants de Nazaré en plus moderne : une jupe droite, un tablier, un châle sur les épaules et un foulard sur la tête. Quant à son père, il était vêtu d'un costume et coiffé d'un béret. Je ne tardai pas à m'apercevoir qu'ils manquaient d'éducation, ouvrant souvent la bouche pour dire des gros mots. Je n'en avais pas l'habitude et cela me gênait. Je constatai également que mon fiancé manquait de respect à ses parents bien qu'il m'ait fait croire le contraire.

Mon futur beau-père me prit très vite en affection. Près de ses sous, il donnait à sa femme de l'argent au compte-goutte. Le frère de mon fiancé vendait son propre poisson sur le port. Sa sœur était mariée et habitait tout près de chez ses parents. Son mari plongeait sous la coque des bateaux pour les réparer.

Un mariage malheureux

Nous nous sommes mariés rapidement car à l'époque, c'était très mal vu de vivre en concubinage. La fête s'est déroulée chez la sœur de mon futur mari. C'était très simple. Sur notre lit de marié, j'avais disposé une couverture damassée, d'un vert très clair et j'avais sorti une belle chemise blanche offerte par Mamie et brodée de ses propres mains. Ma grand-mère ne quittait jamais mes pensées. Le matin, lorsque nous étions à l'église, un peu avant la cérémonie, je me suis agenouillée devant la vierge des Pécheurs et je me suis mis à prier avec des larmes dans les yeux. J'avais un mauvais pressentiment concernant mon mariage. Un peu plus tard, nous sommes rentrés et nous avons pris un repas quand ma belle-sœur s'est écriée : « *mais où est donc le marié ?* »

Comme je l'appris par la suite, il était parti s'amuser avec un copain à une grande foire annuelle du terroir qui se trouvait à quelques kilomètres de là. Aussi incroyable que cela puisse paraître, sans s'embarrasser le moins du monde, il nous avait tous plantés là le jour de son mariage. Il revint vers une heure du matin alors que j'étais couchée et commença par me frapper. J'encaissais les coups en m'efforçant de ne pas crier de crainte de réveiller ma belle-sœur et son bébé qui dormaient dans une chambre voisine. Ma vie de femme mariée commençait bien tristement !

Mon mari se prénommait Manuel. Il était marin sur les grands cargos et se rendait régulièrement à la capitainerie de Lisbonne pour trouver un embarquement. Je constatai par ailleurs qu'il était excellent bricoleur. Ainsi, il construisait des cages où il enfermait les oiseaux qu'il venait de chasser afin de les manger. Il me raconta qu'enfant il s'était aventuré sur les terres de mon grand-père paternel pour chasser mais il avait eu très peur car celui-ci l'avait poursuivi avec une carabine en lui tirant dans les pieds.

Nous avons séjourné quelque temps chez ma belle- sœur et son mari. De leur maison, située à l'entrée de Péniche, on voyait la mer. Ils étaient charmants et nous avons été très bien accueillis. Mais mon mari abusa de leur hospitalité. Alors que nous étions logés et nourris gratuitement, il voulut plus et demanda de l'argent à sa sœur.

Nous sommes retournés vivre chez mes beaux-parents mais cela se passait mal. Mon mari était insupportable avec eux et les disputes étaient inévitables. J'ai appris à le connaître au fil des jours. Il n'avait pas d'amis et se montrait très méfiant vis-à-vis des autres. Il était également violent et d'une jalousie maladive qui me rendit la vie impossible et dont j'eus beaucoup à souffrir. À la maison, je faisais de mon mieux pour aider ma belle-mère qui se montrait gentille avec moi. J'avais d'ailleurs plus d'affinités avec elle qu'avec ma propre mère. Je ne tardai pas à comprendre qu'elle souffrait à cause de son fils, de son horrible caractère et de la façon dont il menait sa vie.

La vie n'était pas facile car Manuel ne me donnait pas un sou et je ne pouvais rien acheter. Un jour, à mon grand étonnement, il m'annonça son intention de voler son grand-père. Bien entendu, je lui conseillai de ne pas le faire mais il refusa de m'écouter. Il avait mis au point un véritable stratagème pour ne pas être inquiété. Son oncle rendant visite chaque matin à son grand-père, il suffisait de prendre discrètement l'argent dans l'armoire avant son arrivée et ensuite de l'accuser. Il mit son projet à exécution et je le vis arriver le lendemain avec un sac contenant l'argent et un pistolet. Il se débarrassa de l'arme en la jetant dans la mer. Lorsqu'ayant découvert le vol, sa grand-mère arriva en pleurant, il fit comme il avait dit et accusa son oncle.

Quelque temps après, je tombai enceinte. Face à l'avenir qui m'attendait j'étais désemparée, ne sachant que faire. Je décidai de rendre visite à mon oncle qui était médecin. C'était un homme bon qui soignait gratuitement les pauvres. Il me dit que l'homme que j'avais épousé était un mauvais mari et serait aussi un mauvais père. C'était loin de me rassurer. Je passais de longs moments à pleurer, enfermée à la maison, dans un grand isolement, sans jamais sortir, sans le moindre sou dans ma poche. Mon beau-père, un homme gentil mais très rustre, m'avait surnommée Sainte Madeleine à cause de mes pleurs. Je me faisais beaucoup de souci pour mon enfant, je m'inquiétai pour son avenir. Cependant la grossesse se passait bien, j'avais bonne mine et mon ventre ne me faisait pas souffrir. Je m'occupais comme je pouvais, brodant et tricotant. Dans un grand drap, je taillai des petits draps pour le lit de notre bébé.

Mon mari était une bête de sexe. En amour, il se montrait d'une grande sauvagerie, ni tendresse, ni mots doux. J'en étais réduite à subir son désir.

Avec sa famille, cela ne s'arrangeait pas. Il se disputait avec son frère, se permettant de lui emprunter son vélo sans rien dire alors que celui-ci en avait besoin pour aller au travail. Il n'avait aucun respect pour sa cousine qu'il épiait lorsqu'elle prenait sa douche. Lors des repas, il se servait le premier et prenait la meilleure part sans se soucier des autres. Un jour, lors d'une dispute, il poussa même sa mère dans l'escalier et la pauvre femme dévala toutes les marches. À cause de lui, je voulais à tout prix fuir cette maison. J'avais envisagé de retourner chez mes parents mais je ne savais pas comment j'aurais été accueillie et j'avais ma fierté.

Je deviens la maman d'un petit garçon

Le 4 septembre 1955, je mis au monde un garçon tout maigre qui pesait seulement 1kg 800. Nous l'avons appelé Georges. Une sage-femme est venue à la maison pour l'accouchement. Elle avait de l'expérience mais aucun diplôme, ce qui ne me rassurait pas. Elle portait l'habit traditionnel comme ma belle-mère. La grand-mère de mon mari assista à la naissance. Quant au père de l'enfant, il était parti au café sans se soucier de rien. Georges est né avec une énorme bosse à la tête. Je pensais que c'était suite au coup de pied dans le ventre que m'avait donné un jour mon mari alors que j'étais enceinte. Il venait de se faire éconduire par une femme qu'il avait courtisée et furieux, il s'était vengé sur moi.

J'ai tout de suite été très à l'aise pour m'occuper de mon bébé. Il faut dire que j'avais acquis mon expérience en m'occupant de Zira, la fille de tonton Chico. Alors qu'elle était bébé, j'aidais ma tante à lui donner le bain et je la promenais souvent dans son landau. Voilà comment j'ai appris à être maman.

Quelque temps après, mon mari a été appelé à Lisbonne par la capitainerie. Ce fut un soulagement pour moi et toute sa famille. Deux mois plus tard, il me demanda de venir le rejoindre car il devait rester à Lisbonne pendant quelques jours avant de prendre la mer. Après avoir confié mon fils à ma belle-mère, je quittai donc Péniche pour la capitale. À cette époque, beaucoup de veuves louaient une chambre dans leur appartement, cela leur permettait d'arrondir leur fin de mois. Le locataire avait le droit d'utiliser la cuisine pour préparer ses repas et pouvait manger au salon. C'est ce que nous avons fait, Manuel et moi. Mais notre logeuse a eu le droit à une scène de ménage dont je me serais bien passée. Prétextant qu'il n'avait pas encore touché son salaire, mon mari m'a donné très peu d'argent pour préparer le repas. Je n'ai donc pu lui servir qu'une soupe avec un peu de pain et de fromage. Furieux, il s'est levé et est parti après m'avoir dit : *« Avec tout l'argent que je te donne, c'est tout ce que tu trouves à me servir ! »* J'étais d'autant plus gênée que tout s'était déroulé en présence de notre logeuse. Je suis allée dans ma chambre et je me suis mise à pleurer. Manuel n'est revenu que le lendemain matin et ne s'est pas gêné pour dire à la propriétaire que tout était de ma faute. Un peu plus tard, alors que nous étions seuls tous les deux, je lui ai demandé un peu plus d'argent. Mais cette simple demande l'a rendu fou et il s'est mis à me battre en me traitant de tous les noms. La bouche et le nez en sang, je n'étais pas jolie à voir. Mais cela ne l'a pas empêché de vouloir me faire l'amour et comme je tentais de résister, il m'a serré le cou entre scs mains m'obligeant à lui céder. Morte de fatigue je me suis couchée mais le lendemain au réveil, je ne pouvais plus bouger. Mon mari m'a alors conduite dans un cabinet médical. Après m'avoir examiné et prescrit un traitement, le médecin a réprimandé mon mari : *« votre femme n'est pas une vache, vous l'avez maltraitée ! »*

Le lendemain, comme il était de service sur le bateau, Manuel m'a demandé de lui apporter le repas de midi ainsi qu'une chemise blanche. À l'époque, le fer électrique n'existait pas et je repassais avec un fer à charbon. Mais par malchance un morceau de charbon est tombé sur le col, m'obligeant à le relaver. Suite à ce petit imprévu, j'arrivais sur le bateau avec cinq minutes de retard, ce qui déplut fortement à mon mari.

Après avoir franchi la passerelle, je venais à peine de poser un pied sur le pont qu'il attrapa mon panier et le jeta rageusement à la mer. Puis, il se mit à me battre devant les autres marins qui n'en croyaient pas leurs yeux. J'étais à bout et tellement malheureuse que je ne voyais plus d'autre issue pour moi que de me jeter à la mer.

Mais les marins m'en ont dissuadée et m'ont invitée à aller me reposer à l'intérieur du bateau. Ils se disaient scandalisés par la violence d'un homme à l'égard d'une femme qui leur paraissait si douce. Le soir même, mon mari m'annonça qu'il ne faisait plus partie de l'équipage et qu'il devait donc s'inscrire à la capitainerie pour avoir un autre embarquement.

Dans l'autocar qui nous ramena à Péniche, il m'ordonna de dire à ses parents qu'il s'était fait voler tout son argent. Ses parents s'attendaient à me voir revenir toute seule et en le voyant à mes côtés, ils firent une drôle de tête se demandant ce qui était encore arrivé à leur fils. Pour ma part, j'étais très heureuse de retrouver mon bébé si beau, si gentil. Un blondinet aux yeux bleus avec une peau si claire qu'on aurait dit de la porcelaine. Les disputes ne tardèrent pas à recommencer entre mon mari et sa famille. C'était un homme très coquet, toujours bien habillé et il n'hésitait pas à fouiller dans le placard de son frère pour lui emprunter une chemise. Quand ce dernier voyait cela, il se mettait en colère.

Manuel allait régulièrement à Lisbonne, soi-disant parce

qu'il avait rendez-vous à la capitainerie. Un jour, en balayant notre chambre, j'ai retrouvé ma chaîne en or dissimulée dans une de ses chaussures. Ayant un mauvais pressentiment, j'eus le réflexe d'ouvrir le bahut où se trouvait mon trousseau. Alors que je m'étais mariée en apportant une trentaine de draps, il n'en restait plus que la moitié. De magnifiques nappes brodées avaient également disparu. Je n'avais alors plus qu'une idée en tête : partir, quitter au plus vite mon mari !

Un matin de bonne heure, tandis que mon mari était profondément endormi, j'ai enveloppé mon bébé dans un châle et j'ai quitté furtivement la maison de mes beaux parents. Après avoir remonté la rue, j'ai traversé les champs sous la pluie et dans le froid, serrant fort mon petit garçon contre ma poitrine et regardant autour de moi pour être sûr que personne ne m'avait vue. Lorsqu'un peu plus tard, je frappais à la porte de mes parents, c'est ma mère qui m'ouvrit. Elle m'a regardée sans bouger et sans rien dire. Voyant que j'étais trempée, mon père m'a dit de mettre le petit Georges bien au chaud dans la chambre.

Apprenant mon arrivée, mon oncle est venu m'apporter des affaires pour mon bébé. Il me donna de très jolis habits ayant appartenu aux enfants de sa fille Ligia ainsi qu'un berceau qui avait servi aux enfants de la duchesse de Palmela, une vraie pièce de musée. Il me proposa même de prendre Georges chez lui, de l'élever et d'en faire un officier. J'ai aussitôt refusé, il était hors de question que je me sépare de mon fils. Malgré mon refus, il m'invita à venir vivre chez lui avec mon bébé aussi longtemps que je le souhaiterais, répétant que sa porte m'était grande ouverte. Comme je regrette aujourd'hui de ne pas avoir accepté son hospitalité.

Chez mes parents, la vie s'écoulait paisiblement. Chaque matin j'avais le plaisir d'accueillir Papy qui venait assister au bain de mon bébé. Si ma mère avait toujours le même caractère, je trouvai mon père changé. Il me portait davantage de respect et semblait avoir définitivement abandonné son système militaire. Il me mit en garde contre mon mari, me disant de ne pas écouter ses promesses car il finirait toujours par recommencer. Malheureusement, je vérifiai un peu plus tard qu'il avait parfaitement raison.

Au bout de quelques jours, je reçus la visite de ma belle-mère, en larmes. Son fils ne rentrait plus à la maison et elle ne supportait plus de voir le lit vide tous les soirs. Quant à mon mari, il vint me supplier de reprendre la vie commune, de revenir vivre avec lui. Il m'implorait mais je ne croyais pas en sa sincérité et je me souvenais des paroles de mon père. Loin de se décourager, il s'accrochait désespérément à l'espoir de mon retour, n'hésitant pas à passer des nuits entières devant la maison de mes parents, glissant des mots doux sous la porte. Sa mère et même sa sœur me supplièrent à leur tour. Un jour, j'ai fini par céder et nous avons pris tous les trois un taxi pour Caldas où nous avons passé cinq jours à l'hôtel. Sur les 16 ans passés avec mon mari, j'ai connu 5 jours de bonheur. C'était à Caldas !

Les nouvelles de Papy n'étaient pas bonnes. Il avait du mal à avaler et ne se sentait pas très bien. En réalité, il avait le cancer. Lorsqu'il mourut, ma grand-mère fut inconsolable. Elle resta huit jours au lit, sans manger, les volets fermés. Quant à moi, je ressentis un immense chagrin.

Mon mari ne voulant pas retourner chez ses parents avec qui il s'était encore fâché, nous sommes allés habiter chez sa sœur. Calmes et patients, ils nous réservèrent un très bon accueil. Un peu plus tard, ils déménagèrent pour habiter au centre-ville en face de l'église Saint Pierre. Bonne couturière, ma belle-sœur confectionnait elle-même ses habits et ceux de sa petite fille. Quelques mois après, mon mari est reparti en voyage.

Ma belle-sœur nous trouva un appartement très mignon sur la petite place Saint Paul. Au milieu se trouvait une grande fontaine toute en marbre où les femmes venaient puiser de l'eau. Aujourd'hui, on peut toujours l'admirer. Nous avions un salon, deux chambres, une salle de bains et une cuisine qui donnait sur une petite cour.

Chaque fois que Manuel était de retour à Lisbonne, il me demandait de venir le rejoindre. Une fois il m'invita au cinéma mais à l'entracte il se leva pour aller au bar et ne revint que le lendemain. Le cinéma l'ennuyait. À vrai dire, il n'y avait pas grand-chose qui l'intéressait. Il n'aimait pas non plus la musique ni la lecture. Nous n'avions vraiment pas les mêmes goûts. À la fin de la séance, ne le voyant pas revenir, j'ai quitté la salle en me faisant toute petite. Une femme seule à minuit dans les rues de Lisbonne, ce n'était pas du tout prudent. Je n'étais pas rassurée, je sentais la présence d'hommes derrière moi. N'ayant pas d'argent pour prendre un taxi, je dus me résigner à marcher à pied.

De retour à Péniche, mon mari a découvert notre appartement, place Saint Paul. Il était tout neuf et lui a bien plu. Pour la première fois, nous étions enfin chez nous. Nous avons acheté des meubles pour la cuisine et le salon à monsieur José, un homme très gentil qui se montra confiant en acceptant de nous faire crédit. Nous étions voisins de Tiolinda, une cousine de Manuel avec qui je m'entendais très bien. Nous étions comme deux sœurs et elle me confia qu'elle n'appréciait pas son cousin, mon mari. Nous habitions également tout près de chez Mamie. J'allais souvent lui tenir compagnie et je revenais avec du poisson dont elle me faisait cadeau.

Mon mari continuait à me battre et souvent pour des broutilles comme le choix d'une couleur pour l'achat d'un pantalon. Une fois il est arrivé en cassant tout et a pris son bébé qu'il a jeté sur le lit comme un fardeau. Georges s'est mis à pleurer, il avait mal au bras et pour le soulager je lui ai appliqué quelques glaçons.

Le carnaval de Péniche était une vraie fête pour les enfants qui adoraient se déguiser. Georges avait trois ans et je l'ai déguisé en « Cantinflas », un acteur comique mexicain très célèbre. Il était très mignon. Mais lorsque son père arriva, il le frappa et m'obligea à retirer son costume prétextant qu'il était ridicule. Cette scène me rendit très malheureuse car mon petit garçon se faisait une telle joie de porter ce déguisement. Son père lui cassait son rêve.

En voyage à Macao, mon mari nous ramena des cadeaux. Il m'offrit un service à thé ravissant ainsi qu'une grande poupée qui marchait et qui parlait. Mon fils reçut une trompette qui jouait la musique de la *Rivière Kwaï* avec Alec Guinness. Mais quelques jours plus tard en faisant du rangement dans la maison, je constatai que la poupée et le service à thé avaient disparu. Je supposais qu'il les avait vendus pour se faire un peu d'argent car une fois de plus, il était sans travail, à nouveau congédié par un capitaine. Pendant ce temps là, j'étais obligée de compter mes sous. Je ne le voyais qu'à l'heure des repas.

Heureusement ma famille ne me laissait pas tomber. Ainsi, je reçus la visite de tante Guiumar qui m'apporta une paire de bottes que l'oncle Ludgero avait achetée pour Georges. En daim, de couleur marron et avec une semelle de crêpe, elles étaient très jolies.

Mes parents quittèrent Péniche pour Nazaré car mon père avait trouvé du travail comme gérant d'une grande entreprise de tracteurs qui tiraient les bateaux hors de la mer. Avant, cette tâche était confiée aux bœufs.

Mon mari avait des besoins sexuels qui dépassaient la norme, cela tournait à l'obsession, à croire que c'était la seule chose qui l'intéressait. En seize ans de vie commune, je crois avoir pratiqué l'acte sexuel autant de fois que si j'avais vécu cinquante ans avec un homme « normal ». C'était pour moi une situation très difficile à vivre.

Je suis tombée malade, j'ai commencé à souffrir de la goutte. J'avais les coudes et les genoux gonflés, c'était très douloureux et mon état empirait de jour en jour. Je n'arrivais même plus à marcher. On aurait dit que mes os étaient prisonniers dans une paire de tenailles. Je me sentais si mal que je croyais que c'était la fin. J'urinais du sang. J'ai voulu sortir dans la rue mais je suis tombée. Voyant mon état, le médecin de mon oncle Ludgero m'a envoyé chez un spécialiste. Il me fit passer un examen des reins très pénible et très douloureux. Mon mari qui m'avait accompagnée devait m'attendre à la sortie de l'hôpital afin que je ne sois pas seule pour rentrer à la maison. L'examen révéla un kyste au rein et le médecin annonça qu'il fallait m'opérer d'urgence. À la sortie de l'hôpital, j'eus la désagréable surprise de voir que mon mari avait trouvé mieux à faire que de m'attendre.

Mon opération fut une réussite. Lorsque le lendemain, le chirurgien vint en compagnie d'une infirmière me refaire mon pansement, il s'émerveilla devant la cicatrisation rapide de la plaie. Bien que très affaiblie, je n'ai pas perdu mon temps pendant mon séjour à l'hôpital. J'avais emmené mon nécessaire à couture et j'ai fait un joli napperon pour tante Guiumar. Ma belle-mère m'a rendu visite avec mon petit Georges qui a voulu se coucher près de moi. Au moment de partir, il s'est mis à pleurer. Je lui manquais et il ne voulait plus me quitter.

J'étais entourée de malades qui, atteints du cancer, souffraient horriblement. La nuit, en l'absence des infirmières, c'est moi qui leur passais le bassin ou leur donnais leurs comprimés dans un verre d'eau. Je portais le numéro 13 et comme j'étais dynamique et serviable, on m'appelait la fée électrique. Je me souviens d'une dame de soixante-dix ans aux longs cheveux blancs et vêtue d'une longue chemise blanche qui, debout sur son lit, imitait Amalia Rodrigues. Les Portugaises sont très gaies, il y avait beaucoup d'ambiance.

Lorsque j'ai quitté l'hôpital au bout de onze jours, j'avais perdu onze kilos. Il faut dire que la nourriture était particulièrement mauvaise. C'est mon beau-frère qui est venu me chercher. Il m'a porté dans ses bras car j'étais si affaiblie que je ne pouvais pas marcher. Il était grand temps que je parte car si j'étais restée une semaine de plus, je crois que je serais tombée dans le coma.

De l'hôpital je me rendis directement à Nazaré, chez mes parents. Comme ils habitaient au premier étage, mon père me prit dans ses bras pour monter les marches. Mes forces m'avaient abandonnée, je ne pouvais même pas m'asseoir dans le lit. Mon mari a passé la nuit avec moi mais dans la seule idée de satisfaire ses besoins sexuels. Mon père qui avait très bien compris son manège s'est déclaré choqué par une telle attitude.

Si le caractère de mon père s'était considérablement bonifié, je trouvais également ma mère moins agressive. Mais je dois avouer qu'elle avait toujours aussi peu de logique. Ainsi, elle m'administra une dose de médicaments tellement forte pour soigner mes intestins que j'ai perdu connaissance. Je suis partie de chez mes parents au bout de deux ou trois mois mais je crois que s'ils m'avaient proposé de rester plus longtemps, j'aurais accepté. Je n'étais pas pressée de retrouver mon mari.

Je suis donc retournée chez moi, à Péniche. Ce fut un

grand soulagement pour moi de ne pas retrouver Manuel qui était parti en voyage. Je n'avais pas d'argent mais au moins j'étais tranquille avec mon petit. Et puis je n'étais pas toute seule. Il y avait bien sûr Mamie à qui je rendais souvent visite en compagnie de Georges mais aussi oncle Ludgero. Souhaitant un garçon que le destin lui avait refusé, il avait reporté son affection sur mon fils. Pour nous accueillir, il ouvrait toujours grande la porte de sa maison.

Mon mari m'envoya une lettre d'Abidjan. Il naviguait sur un pétrolier qui allait emprunter le canal de Suez. C'était lui qui tenait la barre, tâche dont il s'acquittait fort bien. De retour, il débarqua à la maison avec un grand nombre de boites de lait concentré, expliquant que sur les pétroliers il fallait boire beaucoup de lait à cause de la nocivité des gaz. Il était assez content de son voyage mais comme à son habitude, il critiqua les autres marins. Jaloux de ceux qui exerçaient bien leur métier, il faisait tout pour saboter leur travail et les faire renvoyer. Il se montrait violent avec les plus faibles, les accusant à tort pour pouvoir leur porter des coups. C'était le cas du dénommé « *Moineau* », un marin de constitution très fragile, un homme très doux que mon mari provoquait toujours. Manuel aimait travailler sur les pétroliers non seulement parce qu'il recevait un bon salaire mais aussi parce que les chambres individuelles étaient confortables et que l'on pouvait se laver à l'eau chaude. Après ce voyage en Afrique, il m'annonça devoir quitter son bateau car celui-ci allait être immobilisé pour une révision complète. C'est du moins ce qu'il me racontait mais j'avais appris à le connaître et je me méfiais de ce qu'il pouvait bien dire.

Peut-être avait-il été une nouvelle fois remercié à cause de son comportement détestable.

Mon père avait un frère prénommé Francisco qui était directeur de Ford à Lisbonne et avait de nombreuses relations. Mon mari me demanda de l'appeler pour qu'il lui trouve un embarquement sur un autre pétrolier. Le connaissant, j'étais indécise, je ne voulais pas que par son comportement il crée des ennuis à mon oncle si celui-ci lui trouvait un embarquement. Je le mis donc en garde mais il me promit d'avoir une conduite exemplaire. Mon oncle accepta de faire le nécessaire et me rappela très vite pour me dire qu'il venait de trouver un embarquement pour mon mari sur le pétrolier *Fogo*. Le navire appartenait à une compagnie dont le directeur était un ami de mon oncle. Entièrement neuf et ultra moderne, il allait prendre la mer pour la première fois. Ravi, Manuel a aussitôt téléphoné à mon oncle pour le remercier. Puis, après m'avoir laissé un peu d'argent, il est parti. Mais une fois les dépenses quotidiennes assurées, il ne me restait plus assez pour payer le loyer. Heureusement, le propriétaire se montra très arrangeant et me dit de ne pas m'inquiéter, je le payerai un peu plus tard.

Pour la première fois, j'emmenai Georges au cirque. Il était ravi de voir des tigres, des chevaux, un ours et s'amusa beaucoup en regardant les clowns. Il riait si fort que les gens se retournaient pour nous regarder. Nous aimions aussi nous promener dans le parc. Il était vraiment très beau, bien entretenu par des jardiniers qui prenaient le temps de bien faire les choses et travaillaient avec goût. À cette époque, je trouvais le temps de me reposer, j'étais moins stressée, profitant des petits plaisirs simples de la vie. Mon corps s'en ressentait, je m'arrondissais légèrement, prenant quelques kilos. Pour m'occuper, j'avais commencé à tricoter un pull-over pour Mamie. Comme elle était grande, il me fallait beaucoup de laine et je n'en voyais pas la fin. Je me souviens des manches qui étaient gigantesques.

De retour à Lisbonne, mon mari m'a appelé. Il voulait que je vienne voir le *Fogo*, sur lequel il venait de naviguer. Il était vraiment très beau, rouge et noir, d'une taille impressionnante. J'empruntai la passerelle et mon mari m'emmena visiter sa cabine. Mais à ma grande stupéfaction, il m'annonça que les femmes étaient interdites à bord. Comme il était en service, il me laissa toute seule dans sa cabine. Pétrifiée, je prenais soin de bien refermer la porte et de ne plus bouger pour que personne ne s'aperçoive de ma présence. Comme il faisait très chaud je m'étais légèrement dévêtue et ne portais qu'une simple combinaison noire. Voulant regarder la mer et prendre un peu l'air, j'ouvris le hublot mais j'avais à peine sorti la tête que j'entendis une voix qui criait : « *femme à bord !* ». Paniquée, je me suis empressée de refermer le hublot. Au moment de faire ma toilette, j'ai encore eu des sueurs froides. Impossible de refermer le robinet, l'eau continuait à couler et commençait à inonder la cabine. Heureusement, mon mari arriva et nous en fûmes réduits à éponger le sol. Il s'agissait en fait d'un système de fermeture des robinets ultra moderne que je n'avais jamais vu auparavant. Mon mari a dû repartir et je me suis enfermée à nouveau lorsque, un peu plus tard, j'ai entendu frapper à la porte. Je me suis cachée dans le placard juste avant que la porte ne s'ouvre. Dans le noir, je retenais ma respiration car j'entendais des pas faire le tour de la cabine. J'appris par la suite que c'était l'officier chargé des contrôles qui faisait sa ronde. Heureusement, il ne s'était douté de rien.

Finalement, nous sommes rentrés tous les deux à Péniche car mon mari m'annonça qu'il ne faisait plus partie de l'équipage du *Fogo*, inventant je ne sais plus quel prétexte. Un peu plus tard, je reçus une lettre de mon père dans laquelle il me racontait que son frère Francisco était très ennuyé. Il me révéla que Manuel avait été mis à la porte suite au mauvais comportement dont il avait fait preuve sur le bateau. Je me suis bien gardé de lui en parler car il aurait tout cassé et m'aurait certainement battue. Comme je regrettais d'avoir accepté de revenir vivre avec lui. La vie m'a appris par la suite qu'il ne fallait pas être trop gentille mais c'est plus fort que moi, c'est ma nature.

À court d'argent, mon mari a dû emprunter à son père et s'inscrire à nouveau à la capitainerie. Comme il refusait de payer le loyer, le propriétaire nous a donné deux mois pour partir. Nous sommes retournés habiter chez ses parents. Nous avions notre chambre au rez de chaussée, une pièce froide et humide. Dans la journée, je m'arrangeais pour rester en haut. Mon mari s'en est pris à nouveau à ses parents et les disputes ont repris quotidiennement.

À une certaine période, nous sommes venus habiter à Lisbonne. Souvent, mon mari embarquait sans me laisser d'argent et je devais me contenter de pain rassis. J'avais mon enfant avec moi et je ne voulais surtout pas qu'il souffre de la faim. On dit souvent qu'une mère serait prête à tout pour ses enfants. Cela me rappelle une anecdote. Nous logions alors dans un studio situé au quatrième étage. En sortant, j'oubliai les clés à l'intérieur tandis que la porte se refermait brusquement. J'étais bien ennuyée car je ne pouvais plus rentrer chez moi et mon bébé était resté seul dans le studio. C'est alors que Georges se mit à pleurer sans doute parce qu'il avait faim. Mon sang n'a fait qu'un tour. Sans hésiter, j'ai enjambé la fenêtre du couloir et j'ai longé la façade sur une corniche de seulement quinze centimètres de large. Lorsque je regardais en bas, tout me paraissait minuscule. J'arrivai enfin jusqu'au toit que j'escaladai et par le vasistas ouvert, je sautai dans la chambre de mon bébé. Inutile de vous dire que j'ai pris Georges dans les bras et que je l'ai serré très fort en pleurant à chaudes larmes. Une autre fois, alors qu'on habitait de l'autre côté du Tejo, nous sommes sortis le soir à Lisbonne avec mon mari tandis que Georges était resté seul dans l'appartement. Le soir, alors que le dernier bateau s'apprêtait à quitter le quai, mon mari n'a pas voulu le prendre, préférant rester faire la fête à Lisbonne. Pensant à mon petit garçon, je me suis précipité et au risque de tomber à l'eau, j'ai sauté dans le bateau, renversant des passagers dans ma chute. Voilà encore un autre exemple de ce que peut faire une maman pour son enfant. Où avais-je puisé cette force pour accomplir des exploits que je n'aurais jamais réalisés en temps normal, j'avoue que cela reste un mystère. Sans doute la force de l'amour. Je me souviens aussi d'une scène qui s'est déroulée dans ce même appartement que l'on avait loué près de Lisbonne, sur l'autre rive du Tejo. L'épicier refusant de me faire crédit, j'en étais réduite à priver mon bébé de lait et à lui donner à la place du pain trempé dans de l'eau. Le soir, lorsque mon mari rentra, je lui demandai un peu d'argent. Il entra alors dans une rage folle et m'asséna un terrible coup de poing sur la main que j'avais posée sur la table. Ainsi, il me cassa un doigt mais n'ayant pas d'argent pour me faire soigner, j'attendis patiemment que la nature veuille bien ressouder mon os.

Si mon mari paraissait propre avec ses cheveux gominés toujours impeccablement coiffés, ce n'était qu'une apparence. En réalité, il prenait rarement des douches et lorsqu'il s'approchait de moi, il émanait de lui une odeur bizarre. À vrai dire, nous étions très différents. Tout l'éloignait de moi à commencer par l'amour que je portais à mes enfants. Je ne l'ai jamais vu manifester la moindre tendresse à l'égard de son petit garçon ou de sa petite fille. Il était loin d'être un père exemplaire. À ce propos j'ai une anecdote. Un jour que je revenais de l'épicerie, je gronde mon fils qui avait tout cassé dans la maison. À mon grand étonnement, il n'a rien trouvé de mieux que de me répondre : « *mais Papa fait la même chose* ! » Autrefois, pour les femmes, tout était plus compliqué. Trouvant difficilement du travail, elles avaient du mal à conquérir leur indépendance. J'aurais bien aimé me séparer de mon mari mais le divorce était interdit au Portugal.

Mon mari reprit la mer mais cette fois, il dut se contenter d'un cargo car il avait été rayé de la liste des pétroliers. Quant à moi, je terminai enfin le pull-over de Mamie.

J'appris avec une grande tristesse que ma tante Lidia venait de mourir dans un accident. Je l'aimais beaucoup et j'ai mis très longtemps à réaliser qu'elle n'était vraiment plus là.

À cause d'un problème cardiaque, mon frère dut renoncer à une carrière militaire. Je suis allée le voir à Lisbonne où il a été hospitalisé quelques jours. J'aurais tant aimé pouvoir l'aider mais je ne pouvais rien faire. À sa sortie de l'hôpital, il est venu vivre chez mes parents. Mais suite à une histoire avec une jeune fiancée qui habitait dans la même rue, mon père l'a mis à la porte malgré son mauvais état de santé. La jeune fille était tombée amoureuse de lui et mes parents craignaient que le fiancé ne fasse des histoires. Il est allé chez l'oncle Joaquim, le Major, qui l'a très bien reçu. Quelque temps après, il lui a trouvé un bon travail en Angola, comme comptable. Il est donc parti en Afrique où il a approfondi ses connaissances pour devenir expert-comptable. Il s'est marié et a eu trois enfants. Mais son état a empiré et il a fallu l'hospitaliser d'urgence. Il est parti en Afrique du Sud et s'est fait opéré par le Docteur Barnard. Ce chirurgien devint très célèbre pour avoir réussi la première transplantation cardiaque en 1967. Après l'opération, mon frère est retourné vivre et travailler en Angola. Il participait beaucoup à l'animation de sa région en faisant venir des artistes portugais et étrangers. Il faisait également partie d'une radio locale.

Maman pour la deuxième fois

Je suis tombée enceinte alors que je ne m'y attendais pas. J'ai eu le fort pressentiment que ce serait une fille et je ne me suis pas trompée. Marie est née le 20 avril 1961. Elle était moins maigre que son frère et son corps était en partie recouvert de poils noirs. Par la suite, elle devint blonde et ses yeux bleus surmontés de longs cils noirs étaient magnifiques. À deux mois, elle balbutiait déjà le nom de son frère. Georges avait toujours rêvé d'une petite sœur. Quand il voyait un avion passer dans le ciel, il levait les yeux et criait très fort : « Je veux une petite sœur ! »

Avec mes deux enfants

Ma fille est née à l'hôpital avec l'aide d'une sage-femme diplômée. Comme elle pleurait beaucoup, ma belle-mère pensait qu'elle avait mal au ventre. Mais lorsque j'appuyais sur son oreille, elle se mettait à hurler. Je l'ai amenée à l'hôpital où le médecin a diagnostiqué une otite qu'il a soignée en faisant deux piqûres et en me recommandant un traitement. Mais quelque temps après, alors que je lui donnai le bain, je constatai que sa jambe droite avait triplé de volume et qu'elle était dure comme un bâton et toute rouge. Je me rendis chaque matin à l'hôpital pour qu'une infirmière lui fasse une piqûre. Mais comme il n'y avait pas d'amélioration, ne sachant plus vraiment quoi faire, le médecin décida de perforer la jambe pour en faire sortir le pus et mettre fin à l'infection. Les infirmières ne voulant pas assister à cette intervention, je sus garder mon sang-froid et proposai de tenir la cuvette moi-même. Sa jambe se révéla être une véritable usine à pus. Ma fille fut ensuite soignée par de nombreux lavages au sérum physiologique et l'application d'une pommade. Enfin, sa jambe reprit son volume normal au bout de quelques jours. Ainsi venait de se terminer une galère de quarante-cinq jours, ponctuée par de nombreuses attentes à l'hôpital.

Dans une lettre, mon mari m'apprit qu'il embarquait avec le commandant Rosa, un homme avec qui il avait déjà travaillé. Transportant du sucre, le cargo allait sillonner l'Afrique. Mais à son retour il m'annonça que la marine marchande était terminée pour lui. Il était définitivement radié de toutes les compagnies maritimes pour avoir frappé le commandant Rosa.

Bon nageur, Manuel acheta un costume de plongée et décida de pêcher des algues pour gagner un peu d'argent. Il les revendait après les avoir fait sécher au soleil. Mais ce n'était pas un travail régulier car quand la mer était trop agitée, il fallait mieux ne pas se risquer dans l'eau. Mon mari devait parfois attendre plusieurs semaines avant que la pêche aux algues soit à nouveau possible. Tous les matins on guettait la mer, espérant qu'il pourrait enfin plonger. Si on apercevait des moutons blancs formés par l'écume, on savait que c'était fichu. Il descendait jusqu'à soixante-dix mètres de profondeur. Mon mari m'avait raconté qu'à l'âge de quatre ans, une méningite l'avait rendu presque sourd. Comme il n'avait plus de tympans, il n'avait donc plus à craindre la pression de l'eau. Un jour, il a amené mon petit Georges avec lui sur un chalutier. Il y avait aussi le parrain de mon fils, un rouquin très gentil. Un moment, mon mari descend avec Georges en lui maintenant la tête sous l'eau tandis que le petit se débattait et criait. Heureusement, son parrain l'a aperçu et donna un bon coup de rame sur la tête de mon mari en s'écriant : *«mais que fais-tu malheureux ?»* Mon fils s'en souvient encore, il a été très marqué par cette scène.

Le soir, Manuel rentrait très tard, inventant des histoires. Je crois qu'il aurait pu gagner le concours du plus grand menteur. Quand la petite pleurait la nuit, il ne le supportait pas et m'obligeait à sortir avec elle dans le jardin.

Nos finances n'étaient pas brillantes. Mon mari avait beaucoup de dettes envers son père. L'épicier refusait de nous faire crédit. Gêné, mon fils ne voulait plus aller faire des courses. Une fois, alors que je l'avais envoyé me chercher quelque chose, l'épicier s'était permis de lui tirer les oreilles parce que ses parents étaient de mauvais payeurs. Cette attitude m'avait révoltée et je ne m'étais pas gêné pour le lui faire savoir.

Un matin, j'étais chez moi et je tenais la petite Marie dans les bras quand j'entends des cris qui venaient de l'extérieur. Regardant par la fenêtre, j'aperçois alors juste devant notre maison une trentaine de personnes armées de pierres et de bâtons. Cherchant à savoir ce qui se passait, j'apprends avec stupeur que mon mari était accusé d'avoir voulu violer la femme d'un marin qui était parti en mer. Lorsque l'oncle de l'épouse arriva, l'empêchant de mettre son projet à exécution, Manuel lui jeta une pierre et se sauva. Blessé, l'homme dut se rendre à l'hôpital. Il a porté plainte mais mon mari a réussi à éviter la prison en payant 1500 escudos, somme qu'il avait une nouvelle fois empruntée à son père. Non seulement Manuel me faisait honte mais j'en avais peur. Au lit, il se conduisait comme un personnage diabolique, brutal, dénué de toute tendresse. Je le considérai comme un monstre. Naïvement, j'avais toujours pensé qu'on ne pouvait rencontrer ce genre de personnage qu'au cinéma et non dans la vie réelle. Comme je me trompais !

Après avoir appris cette tentative de viol, j'ai fermé la porte de la maison à clé et je suis partie avec mes enfants déjeuner chez Mamie. Je ne lui ai rien dit pour ne pas l'inquiéter mais je crois qu'elle a compris qu'il se passait quelque chose de pas normal. De retour à la maison, je me suis installée dans le jardin avec les petits pour profiter du beau temps. Ensuite, je suis montée les coucher et lorsque j'ai ouvert la porte de ma chambre, j'ai eu la désagréable surprise de voir mon mari dans le lit. La porte d'entrée étant fermée à clé, je me suis demandé comment il avait fait pour rentrer. Je compris alors qu'il avait escaladé un pilier, et après s'être hissé sur le toit, il avait enlevé quelques tuiles pour se glisser dans le grenier. À bout, usée par son comportement, n'en pouvant plus, je me suis rendue au commissariat dès le lendemain pour déposer une plainte. Tout cela pour m'entendre répondre que cette histoire ne regardait que notre couple car nous étions mariés et que ni la police ni la justice ne pouvaient s'en mêler. Pourtant, j'étais en danger. Mon mari menaçait de me tuer si je le quittais. Je me sentais comme un bateau à la dérive, ne sachant plus vers qui me tourner pour mettre fin à l'enfer que j'étais en train de vivre. Partout où il allait, il attisait la haine et provoquait le dégoût. Même ses parents ne voulaient plus voir leur propre fils.

Avec l'arrivée de l'hiver, il n'y eut plus d'algues et donc plus d'argent. Il fallait pourtant continuer à manger et payer notre loyer. Trop indépendante et trop fière pour demander quoi que ce soit, j'allais chez tonton Ludgero ou chez mamie qui me donnaient gratuitement du poisson.

Pour oublier cette vie difficile, je voulais offrir un peu de distraction à mes enfants, avoir encore la joie d'entendre leurs rires. Ainsi, je les emmenais au cirque quand l'occasion se présentait. Une fois, le présentateur est venu chercher ma fille parmi les spectateurs, il l'a amenée sur la piste, la montrant à tout le monde sous les applaudissements. On aurait dit une vraie poupée. En grandissant, elle n'aimait pas obéir et détestait qu'on la contrarie. Une fois, elle a coupé ses nattes, si haut que le coiffeur a été obligé de lui faire une coupe de garçon. Comme elle avait honte de sortir la tête nue, Mamie lui a acheté un joli petit foulard. Il fallait être vigilant car elle nous faussait compagnie à la moindre occasion. Elle était imprévisible. Elle partait seule sur la plage et son frère était obligé de plonger dans la mer pour la récupérer. Une autre fois, sur un marché de Lisbonne, j'ai eu juste le temps de payer mes achats qu'elle avait disparu. Heureusement, je la retrouvai un peu plus loin. Elle adorait danser et prendre des poses. S'était alors instauré un jeu entre nous, je faisais semblant d'avoir un appareil photo et je la mitraillais. Pour le carnaval, je lui confectionnai un costume de flamenco et, d'un foulard en soie rouge, j'ai brodé un joli châle. Je lui avais fabriqué également des ballerines. Je la trouvais irrésistible.

Je suis allée voir un médecin spécialiste à Caldas, très jolie ville renommée pour sa porcelaine. Elle possède également un magnifique parc et une place célèbre pour l'organisation de corridas. On la visite aussi pour son marché traditionnel et ses nombreuses boutiques dans des rues très animées. Le spécialiste m'a avoué que j'avais un problème très sérieux au niveau de l'utérus qui était en bien mauvais état. Comme nous avions très peu d'argent, je négligeai de le payer. Un peu plus tard, ma mère est allée voir le même médecin et à son retour elle m'a réprimandée. Il lui avait raconté que je ne lui avais jamais payé les consultations. C'était la vérité mais à l'époque, il n'y avait pas de sécurité sociale et le prix des consultations et des soins était exorbitant. Je n'ai jamais regretté de ne pas l'avoir payé car je trouvais que les médecins gagnaient trop d'argent avec lequel ils achetaient des villas de luxe ou des châteaux. Ils étaient vraiment trop gourmands.

Une nouvelle vie dans un nouveau pays

Mon mari envisagea un moment de partir au Canada mais les nombreuses formalités le découragèrent. Finalement, après avoir obtenu un passeport, il se rendit en France en compagnie de son beau-frère. Ayant appris qu'en France le divorce était autorisé, j'ai songé moi aussi à y partir. Mais ma famille essaya de m'en dissuader prétendant que si je voulais m'en sortir dans ce pays, je devrais travailler énormément. J'ai répondu que cela ne me faisait pas peur.

Mon mari est revenu nous chercher et nous sommes partis à Paris avec notre fille. Nous étions au mois de mars 1967 et j'avais trente-trois ans. Georges est resté chez sa grand-mère le temps de terminer son année scolaire. À notre arrivée dans la capitale française, j'étais étourdie. À la gare Saint Lazare, je croyais voir écrit sur le fronton le nom de Salazar. En me promenant dans les rues de la ville, je finissais par me croire à Lisbonne.

Nous nous sommes rendus gare des Invalides et nous avons pris le train pour Fontenay le Fleury, dans le département des Yvelines. Là, nous avons été accueillis chez un couple très gentil qui avait un petit garçon. Dans le centre de Fontenay, ils nous ont trouvé un studio très moderne et bien situé, proche d'une piscine et d'un square avec des jeux et des manèges pour les enfants. Nous étions au rez-de-chaussée et nos portes fenêtres donnaient sur un petit jardin dont nous pouvions profiter. Nous disposions d'une grande salle de bains avec une baignoire, d'un salon très lumineux et d'une vaste cuisine qui n'était pas entièrement terminée.

Lorsque nous avons fait quelques courses à Monoprix, j'ai trouvé que les produits alimentaires comme le lait ou le pain n'étaient pas très chers. Voulant m'intégrer le plus vite possible au pays, je ne prenais même pas la peine de faire la conversion des francs en escudos comme le faisaient habituellement les Portugais qui arrivaient en France pour la première fois. Je m'adaptais tout de suite à la monnaie française. Ce fut la même chose pour parler la langue, j'appris à bien me débrouiller avec les quelques mots de français que je connaissais déjà.

Mon mari avait déjà les papiers qui lui permettaient de travailler tandis que je ne possédais qu'un passeport. Mais cela l'arrangeait bien et il faisait tout pour que je n'obtienne pas de carte de travail de peur que je prenne mon indépendance et que je le quitte.

Une Portugaise originaire de Péniche me trouva tout de suite du travail comme gouvernante dans une famille qui avait une petite fille. Mes journées étaient très bien remplies. J'ai inscrit Marie à l'école Louis Pasteur. Au début, je la conduisais chaque jour mais par la suite, elle s'y rendait accompagnée par Joëlle, la fille d'une voisine âgée de onze ans.

Nous nous sommes installés en achetant du mobilier pour la maison. Mon mari avait un travail et je crus un moment qu'il avait changé, qu'il était devenu meilleur. Comme je me trompais ! Les problèmes n'ont pas tardé à revenir. Parce que je travaillais en dehors de la maison, mon mari est devenu très jaloux. Il ne supportait pas le regard des hommes sur moi et si on m'adressait un compliment, cela le rendait furieux.

Il a continué à faire des mauvais coups aux gens de son entourage. Il a fait venir du Portugal son cousin Silvino, pêcheur sans travail et lui a trouvé un emploi dans son entreprise. Mais il en a profité, s'arrangeant pour toucher une partie de son salaire où lui faisant payer deux fois une carte de travail en lui racontant des histoires. Silvino se sentait perdu dans un pays qu'il ne connaissait pas et mon mari abusa de la situation pour l'escroquer. Il était d'autant plus angoissé qu'il ne pouvait pas envoyer de l'argent à sa famille restée au Portugal. Pour subvenir à ses besoins et à ceux de sa fille, sa femme devait se lever très tôt le matin et faire des kilomètres à pied pour vendre du poisson. Heureusement, Silvino a fini par trouver du travail chez Peugeot. Ce fut pour lui un grand soulagement. D'un naturel pourtant très calme, cet homme était tellement à bout qu'il en est venu à frapper mon mari.

Une nouvelle vie qui se transforme en enfer

Mon mari avait un très bon emploi, il enduisait les plafonds. Et je dois reconnaître qu'il excellait dans ce domaine, le résultat de son travail était impeccable. Mais il fut mis à la porte de l'entreprise qui l'employait comme cela lui était déjà arrivé tant de fois au Portugal. Nous devions alors tout payer avec mon seul salaire : le loyer, la nourriture et le reste ...Par souci d'économie, je tricotais des pull-overs pour mes enfants jusqu'à une heure du matin. Une voisine, madame Charpentier, m'avait offert un tissu vichy à petits carreaux rouges et blancs qui provenait d'anciens rideaux. J'en avais fait un maillot deux pièces pour ma fille qui fit son admiration et celle de son mari.

Mon mari commença à sortir la nuit, ne revenant que vers 4 heures du matin. Je lui lavais trois pantalons par semaine qu'il prétendait avoir salis en aidant des copains à bricoler.

Une fois, il est venu sonner à la porte de la maison où je travaillais. Il avait l'air très inquiet. Il me montra sa main qui portait une vilaine plaie en me disant qu'il avait été renversé par une mobylette. Ne voulant pas le laisser dans ce triste état, je l'ai accompagné à la maison. J'étais en train de lui faire un pansement quand retentit la sonnette de la porte d'entrée. C'était la police. Ne perdant pas de temps, Manuel avait aussitôt bondi pour se cacher sous le lit. Les policiers l'ont cherché dans toutes les pièces. Je leur ai demandé ce qu'il avait fait mais ils ne m'ont pas répondu.

Son cousin, le pauvre pêcheur qu'il avait fait venir du Portugal, me raconta que mon mari m'épiait lorsque je travaillais chez un particulier. Il escaladait un pilier situé devant l'immeuble et tentait de m'apercevoir par la fenêtre pour s'assurer que j'étais bien seule. Il lui arrivait même de venir sonner à la porte pour vérifier que le maître des lieux était bien absent. Si ce n'était pas le cas, de retour à la maison, j'avais le droit à une scène. Il étouffait de jalousie.

Une fois son année scolaire terminée, Georges a quitté Péniche pour venir nous rejoindre. Il avait alors douze ans. Comme j'étais contente de le revoir. Dès son arrivée, je lui ai rempli la baignoire mais il était tellement fatigué qu'il s'est endormi dans le bain. Je l'ai inscrit à Louis Pasteur, dans la même école que sa sœur. Mais quelques jours après, je fus convoqué par son professeur. Je m'y rendis avec une certaine inquiétude me demandant ce qui n'allait pas. Quel soulagement quand j'entendis que mon fils était un très bon élève et qu'il était question, vu son avance, de le mettre dans la classe supérieure.

Mon mari se montrait de plus en plus méfiant. Tous les jours, je devais lui raconter en détail ma journée. J'évitais de prendre un bain quand il était dans l'appartement, car dans sa tête, il aurait pensé que me préparais pour un autre homme. Il souffrait d'une jalousie maladive.

Lorsqu'il en avait l'occasion, il lui arrivait de voler. Une nuit il rentra à la maison avec deux fauteuils en rotin et de jolies plantes vertes qu'il avait dérobés je ne sais où. D'autres fois, il me ramenait du linge qui séchait sur une terrasse. Si j'avais le malheur de m'indigner, il se mettait en colère.

Mes parents sont venus nous rendre visite pendant deux jours. Mon père a offert à ma fille une jolie poupée. Mais un jour, Philippe, un jeune voisin qui était un garçon de bonne famille mais diabolique, lui cassa la poupée. Comme c'était dimanche, je l'amenais à la piscine pour lui faire oublier son chagrin.

En France j'ai découvert des hommes serviables, attentionnés envers moi. C'était très différent du Portugal et j'ai commencé à aimer ce pays qui venait tout juste de m'accueillir. Je ne supportais pas qu'on le critique. Enfant, je me souviens que mon père disait en parlant de la France *«C'est une belle vache qui donne du lait à tout le monde !»*. Lui aussi, l'aimait bien. Je n'aurais jamais pensé qu'un jour je me retrouverais ici.

Il était cinq heures du matin quand j'ai été réveillée en sursaut par des coups frappés à la porte. La police est entrée et a emmené mon mari après lui avoir passé les menottes. J'ignorais la cause de cette arrestation. Quinze jours après, j'ai reçu une lettre m'informant que mon mari était en prison à Versailles et que je pouvais lui rendre visite. J'appris alors qu'il avait été accusé de tentative de viol. Je le trouvais en larmes, jurant sur la tête de ses parents que ce n'était pas lui. La tentative avait eu lieu à Fontenay-le-Fleury alors qu'il se trouvait dans la ville le même jour et à la même heure mais voulant trouver un alibi, il me demanda de mentir et de raconter que ce jour-là et à cette heure-là, il était à la maison tranquillement installé devant la télévision. Tout en me disant cela, il tremblait de peur. Il ajouta : *« Je veux que tu assistes au jugement pour que le juge voie qui est ma femme et qu'il comprenne que je n'aurais jamais pu faire cela avec une femme comme toi. »* Me jurant sur ses parents, il a si bien joué la comédie que je fini par le croire et suivre ses recommandations. Une infirmière avait été agressée. Les voisins avaient appelé la police car depuis quelques jours ils voyaient la nuit un homme guetter le premier étage de la résidence. Le jour du jugement, je me suis retrouvée face à l'infirmière. En me regardant droit dans les yeux, elle m'a affirmé que c'était bien mon mari qui avait tenté de l'agresser. Elle a raconté qu'il se trouvait dans la chambre quand elle est sortie de la salle de bains. Elle a créé le doute en moi, elle semblait tellement sûre d'elle. Mon mari n'est resté en prison que deux mois et demi avec une peine assortie de cinq mois de conditionnelle. Ainsi, grâce à mon faux témoignage, il réussissait à échapper à une peine plus lourde. Je l'ai toujours regretté. Ni l'infirmière ni moi, n'avons pu assister au jugement. Quand il y avait un viol dans le quartier, la police venait toujours chez moi, pour comparer les empreintes recueillies avec celles laissées par les chaussures de mon mari.

Quelque temps après, alors que mon mari repeignait une façade, il y eut une autre tentative de viol dans la résidence où il travaillait. L'individu était décrit comme un homme de petite taille, aux cheveux gominés et parlant français avec l'accent portugais. Dans cette description il n'était pas difficile de reconnaître le portrait de mon mari. La victime était une jeune fille de quatorze ans qui était descendue faire du rangement dans une cave. Elle avait crié et son agresseur entendant des pas dans l'escalier, s'était enfui.

Sans aucune raison, mon mari a voulu déménager et prendre un nouvel appartement square Ampère, à l'entrée de Fontenay. Nous avions deux pièces assez spacieuses, une belle cuisine tout en marbre, une salle de bains, un réduit avec de grandes fenêtres et une pièce qui servait exclusivement à sécher le linge. Dans le couloir, nous disposions de vastes placards. Nos enfants partageaient une chambre tandis que nous dormions dans le salon. Pour égayer l'appartement, j'avais fait de jolis rideaux pour accrocher aux fenêtres.

Un jour, je rencontrai Julia dans la rue. Elle était originaire de la même région que moi et vivait également en France. Elle revenait de Péniche où elle avait passé ses vacances et s'étonna de me voir habillée en rouge alors que j'aurais dû porter le deuil. C'est de cette façon brutale que j'appris la mort de mon père. Suite à une dépression, il s'était donné la mort. Ma mère n'avait jamais pris sa maladie au sérieux, elle pensait que c'était imaginaire. Aussi, quand il mit fin à ses jours, elle se sentit coupable de n'y avoir pas attaché suffisamment d'importance. Lorsque je lui demandais pourquoi elle ne m'avait pas avertie du décès de mon père, elle me dit que j'avais assez de travail comme cela avec mes enfants. Toujours son incroyable manque de logique ! La sachant malheureuse, je lui ai écrit de venir nous rejoindre malgré son caractère difficile. Je crois n'avoir rien à me reprocher car je me suis toujours occupé d'elle. Elle a donc quitté le Portugal pour venir habiter avec nous et je lui ai même trouvé du travail.

Mon mari était toujours en proie à ses obsessions. Il me

raconta qu'au rez-de-chaussée il y avait deux coiffeuses lesbiennes et cela semblait l'exciter terriblement. Un soir, alors qu'il venait de sortir je me suis glissée sur la terrasse et je l'ai guetté à plat ventre dans le noir. Il est passé devant l'immeuble puis au bout de quelques mètres, il a regardé en arrière et est revenu sur ses pas en contournant le bâtiment. J'ai fait signe à ma mère de me suivre et nous sommes discrètement descendus pour voir ce qu'il fabriquait. Nous l'avons aperçu, allongé sur le sol, occupé à guetter la fenêtre des coiffeuses. Comme il faisait chaud, leurs volets n'étaient pas tout à fait descendus et en regardant il se faisait plaisir. Je compris alors pourquoi je lavais trois pantalons par semaine.

Un jour monsieur Pierce, le chef des gardiens est venu me dire que ses hommes apercevaient mon mari en train de guetter les fenêtres dans la nuit. Je me demandais pourquoi Monsieur Pierce n'avait jamais porté plainte.

Nous avions sympathisé avec un couple de gardiens et nous leur rendions visite de temps en temps. Mais un jour, mon mari me raconta que la gardienne s'était permis de l'insulter sans aucune raison tandis qu'il attendait le bus. Il en concluait qu'elle était devenue folle. Mais désireuse d'avoir le fin mot de l'histoire, je rendis visite à la gardienne qui me raconta ce qui s'était vraiment passé. Elle revenait de chez sa fille dans la nuit quand elle a entendu des pas derrière elle et soudain des bras l'ont encerclée. Se retournant pour faire face à son agresseur, elle a reconnu mon mari qui s'est aussitôt enfui découvrant que sa victime était quelqu'un qu'il connaissait.

Un jour Manuel invita son chef de chantier à manger, il s'appelait Walson. Comme mon mari travaillait bien, il lui demandait de le remplacer de temps en temps et avait promis de lui confier un peu plus tard la responsabilité d'un chantier. Mais cet homme s'est montré trop confiant vis à vis de Manuel et il a eu le malheur de lui raconter sa vie. Il lui confia par exemple qu'il était marié mais qu'il avait une maîtresse. Un jour mon mari l'a remplacé mais il n'a rien trouvé de mieux que de congédier les ouvriers et de fermer le chantier. Un camion qui venait livrer une commande importante de mobilier a dû faire demi-tour, trouvant la porte close. Très ennuyé, le chef de chantier a expliqué au grand patron qu'il avait été obligé de s'absenter pour raison personnelle et qu'il avait confié la responsabilité du chantier à mon mari. Pour se venger, Manuel a alors raconté au patron que Walson s'était absenté pour aller voir sa maîtresse. Furieux, celui-ci l'a attendu à la sortie et lui a réglé son compte. Une autre fois, mon mari me raconta avoir volé des pots de peinture dans l'entreprise où il travaillait et avoir dénoncé un de ses collègues à sa place. Celui-ci a fait de la prison alors qu'il avait une femme et des enfants. Il jura de tuer mon mari quand il sortirait. Cela le faisait beaucoup rire, c'était de la méchanceté gratuite. Il se mettait tout le monde à dos.

Un soir, nous regardions la télévision avec ma mère et les enfants quand mon mari fit irruption dans l'appartement, la chemise déchirée et le visage en sang. Il raconta avoir été attaqué par des Français sur le pont de Saint-Cyr-l'École qui enjambait l'autoroute. Ils l'avaient même suspendu au-dessus des voitures qui passaient en bas. Encore sous le choc, il tremblait de peur. Il avait été au commissariat mais la police n'avait pas retrouvé ses agresseurs. Quelque temps après, monsieur Pierce, le responsable des gardiens, me raconta que mon mari était en train de guetter les fenêtres quand les voisins l'avaient surpris et avaient voulu lui donner une bonne leçon dont il se souviendrait toujours.

Nous avions une voisine qui vivait seule et faisait du ménage la nuit dans les bureaux et les magasins. Mon mari me disait qu'elle devait certainement se livrer à la prostitution. Pour lui, une femme qui travaillait la nuit ne pouvait être qu'une femme de mauvaise vie. La veille du jour de l'an, je faisais le marché avec Manuel quand deux jeunes hommes bien costauds se sont jetés sur lui pour le frapper. Je restais là à regarder la scène, totalement impuissante, me demandant bien ce qu'il avait encore fait. C'est alors que j'aperçois la fille de ma voisine qui faisait le ménage la nuit. En traitant mon mari de tous les noms, elle m'apprend qu'il avait essayé de rentrer chez sa mère alors qu'elle revenait du travail dans la nuit. Je racontais à ma mère ce qui venait de se passer, j'étais catastrophée, je ne savais plus quoi faire. Une chose était sûre, je haïssais mon mari plus que jamais.

Pendant ce temps-là, je n'arrêtais pas de travailler, je n'avais pas une minute à moi et je devais tout payer. À cause de l'éducation stricte que j'avais reçue, je n'osais pas me révolter. En réalité, j'avais peur de lui, de ses réactions imprévisibles. C'était un psychopathe et il pouvait se montrer dangereux. Lorsqu'il était sans travail, il passait les journées à dormir et je n'étais jamais tranquille me demandant comment il réagirait à son réveil.

Lassés par le comportement de mon mari, les voisins ont signé une pétition pour demander son départ. Non seulement il guettait aux fenêtres mais j'appris qu'il ouvrait sa braguette dans l'ascenseur. J'étais très malheureuse et n'avais qu'une seule idée en tête : le quitter. Le quitter pour toujours. D'ailleurs, c'était avant tout pour divorcer que j'étais venue en France. Nous avions seulement trois mois pour déménager, il fallait faire vite. Cela prenait du temps de faire les petites annonces. Comme je regrette aujourd'hui d'être partie. J'étais à jour dans mes loyers, je n'avais rien à me reprocher. Tout était de sa faute, c'était à lui seul de partir, pas à sa famille qui n'y était pour rien. Le temps passait et je n'eus bientôt plus que quinze jours pour faire mes bagages et trouver un nouveau logement. Pendant ce temps-là, lui ne levait pas le petit doigt. Il vadrouillait la nuit et dormait le jour.

Je n'avais plus qu'un objectif : quitter mon mari au plus vite !

J'ai acheté un plan de Paris et je l'ai étudié. Puis, j'ai annoncé à mon mari et à ma mère que nous allions vivre à Paris. Manuel s'est montré sceptique, voire ironique en disant que ce n'était pas si facile de se loger dans la capitale. Mais j'avais ma petite idée derrière la tête. Accompagnée de ma mère, nous nous sommes d'abord rendu à la gare des Invalides, ensuite on a pris le métro jusqu'à la place de la République et on a emprunté la rue Notre Dame de Nazareth. Tandis que nous marchions, j'aperçus devant l'entrée d'un immeuble une dame très âgée, habillée à l'ancienne, jupe noire très longue, un grand tablier gris et coiffée d'un foulard. Comprenant que c'était la gardienne, je lui demandais si elle avait entendu parler d'une place. Elle a hoché la tête et m'a dit de me rendre à quelques mètres de là, au 34 rue Volta. L'immeuble était vétuste. Après avoir obtenu l'adresse du gérant nous sommes allées le voir et je lui ai expliqué ma situation en me gardant bien de parler de mon mari. Après avoir rempli des papiers, il m'a remis les clés en m'avertissant que la loge était très sale car la précédente gardienne avait des animaux. Lorsque nous sommes revenus à Fontenay-le-Fleury, mon mari était toujours couché sur le canapé. *« Alors, tu l'as trouvé la maison ? »* me demanda-t-il d'un air narquois, certain que j'allais lui donner une réponse négative. Comme je répondais par l'affirmative, il me traita de prostituée et m'accusa d'avoir couché avec le gérant. Outrée, ma mère l'a remis en place : *« Taisez-vous, vous dites n'importe quoi. Ce n'est pas vrai, j'étais avec elle ! »*

Le samedi et le dimanche suivants, je suis retournée à Paris pour nettoyer notre future loge. Elle était petite et la fenêtre donnait sur un toit ne laissant entrer que très peu de lumière. Mais en prenant ce logement, je bénéficiais d'un grand nombre d'avantages : j'avais un salaire, je ne payais pas de loyer et la tâche de gardienne me laissait le temps de faire un autre travail pour arrondir des fins de mois très difficiles. Une vieille dame qui habitait le quartier et avait connu l'ancienne gardienne me trouva du travail chez un médecin.

Il y avait dans notre rue une agence immobilière et un jour le patron vint frapper à ma porte pour me proposer un emploi à mi-temps. Son frère qui tenait une pizzeria sur une place voisine avait besoin de quelqu'un pour quelques heures de nettoyage et faire la plonge. Ne connaissant pas la signification de l'expression *«faire la plonge»*, je lui répondis naïvement que j'aurais bien accepté mais que malheureusement je ne savais pas très bien nager. Il partit d'un éclat de rire en me précisant que faire la plonge en argot voulait tout simplement dire faire la vaisselle. Ce n'était vraiment pas le genre de travail que j'aimais faire mais j'ai accepté en pensant à mes enfants. En montant les marches, les larmes aux yeux, j'ai dit : *"c'est encore un rôle. Il faut que je le fasse bien."*

Le père du médecin chez qui je travaillais cherchait une gouvernante. Ma mère accepta ce travail, ce qui lui permit de se loger dans un petit studio.

Mes enfants furent inscrits dans des écoles proches de

notre nouveau domicile et ma fille ne tarda pas à se faire une copine, une petite Espagnole prénommée Pili. Dans l'immeuble voisin, le couple de gardiens était portugais et également originaire de Péniche. L'homme trouva du travail pour mon mari dans son entreprise mais leurs relations se terminèrent en bagarre car Manuel se permit de critiquer son épouse devant ses collègues. Une fois de plus, il semait la zizanie.

Un jour, nous avons reçu à déjeuner un collègue de mon mari qui lui laissa son adresse sur un bout de papier. Quelques jours après, cherchant partout l'adresse, il m'accusa de l'avoir cachée. En proie à la jalousie, imaginant je ne sais quoi, il me donna un violent coup de poing sur l'œil droit. En me regardant dans la glace, je vis avec stupéfaction que mon œil avait le volume d'une grosse patate. Ma fille qui jouait avec Pili dans le hall de l'immeuble, accourut et voyant l'état dans lequel j'étais, traita son père de *«salaud»*. Descendue entretemps, ma mère appela les pompiers et je fus hospitalisée pendant huit jours à l'hôpital Saint Louis. Bien entendu, je n'eus aucune visite de mon mari. Depuis cet incident, mon œil a gardé une certaine fragilité.

À la maison, nous avons eu un nouveau pensionnaire, un joli chaton blanc que nous avons appelé 'Patouche'. Il nous fut offert par Madame Arneau.

Un jour, alors que mon mari m'insultait, mon fils, voulant prendre ma défense, lui a répondu sur le même ton. C'était déjà un jeune adolescent de treize ans. Furieux, mon mari l'a attrapé et l'a jeté contre le mur en lui cassant ses lunettes. Il est allé à l'école sans lunettes mais comme il était myope, il ne voyait rien au tableau. Le professeur m'a appelé en me disant qu'il ne pouvait pas continuer à venir à l'école dans ces conditions. C'est dommage, disait-il, car c'est un bon élève. Son père lui avait promis de nouvelles lunettes depuis déjà trois mois, mais comme on ne voyait rien venir, j'ai fini par lui en acheter. Si Georges était un très bon élève, Marie n'aimait pas du tout l'école. Elle s'y ennuyait et cela me préoccupait, m'interrogeant sur son avenir.

Le soir du 14 juillet, mon mari promit aux enfants de les emmener voir le feu d'artifice et assister à la fête qui se déroulait à l'hôtel de ville. Ravis, ils attendaient ce moment avec impatience. Mais lorsque le grand jour arriva, contrairement aux promesses qu'il avait faites, il leur dit de rester à la maison et m'invita à sortir avec lui. En descendant les marches je me suis retournée et j'ai vu derrière la vitre ma petite fille en larmes. C'en était trop, j'ai laissé là mon mari en lui disant de sortir sans moi et je suis retournée chercher mes enfants. Nous avons assisté à un concert de Johny Halliday avant de voir crépiter dans le ciel un magnifique feu d'artifice. Mais mon fils ne semblait pas profiter pleinement de la fête. Hanté par l'idée de rencontrer son père, il se retournait souvent.

Madame Arneau me présenta à une dame divorcée pensant qu'elle pourrait m'informer sur les démarches à faire pour quitter définitivement mon mari. Elle m'apporta beaucoup notamment en me trouvant des avocats.

La vie devenait pour moi insupportable et ma santé s'en ressentait. Je ne pesais plus que quarante kilos, j'étais à bout physiquement et psychologiquement. À cause du stress, je n'avais plus de règles et mon mari prétendait que je me faisais avorter des enfants que j'avais eus avec d'autres hommes.

Manuel avait perdu son travail. Plus aucune entreprise n'en voulait car il semait le désordre partout où il passait, n'hésitant pas à saboter le travail de ses collègues par pure jalousie. Sans emploi et donc sans revenus, il me demandait toujours de l'argent. Lorsque je ne pouvais pas lui en donner, il se mettait en colère. Il vivait dans la peur que je le quitte et menaçait de me tuer pendant mon sommeil. Terrorisée, je dormais toutes les nuits avec une paire de ciseaux sous l'oreiller.

Quelques temps après, j'ai trouvé une autre place de gardienne, rue de Turenne, un grand immeuble qui avait été l'hôtel particulier de madame de Sévigné. La loge donnait sur une grande cour et elle était beaucoup plus spacieuse et plus lumineuse que la précédente. Mes locataires étaient de riches commerçants, des fabricants de vêtements, des bijoutiers, etc..

Georges quitta le cycle scolaire normal pour une école professionnelle qui se trouvait rue d'Alésia. Il était pourtant bon élève mais n'avait pas voulu poursuivre ses études, sans doute perturbé par nos conditions de vie.

Toujours aussi jaloux, mon mari m'espionnait partout où je me rendais, il contrôlait mes allées et venues. Si je passais un peu trop de temps à faire ma toilette, il pensait aussitôt que je me préparais pour un amant.

Un dimanche après-midi, je décidai d'emmener les

enfants au musée Carnavalet qui se trouvait près de chez nous. Ne me voyant pas à la maison en rentrant, de rage il cassa toute la vaisselle qui attendait dans la bassine. Un jour, Madame Arneau réussit à le convaincre d'aller voir un psychiatre qui lui donna un traitement.

Une autre fois, s'apprêtant à sortir, il avait mis son plus beau costume et m'avait demandé beaucoup d'argent. J'avais alors mis quelques comprimés dans sa soupe et à son retour, il tenait à peine debout. Il se coucha tout habillé, dormant une journée entière et une nuit. Ce fut pour la famille un grand soulagement.

Mon fils disait : *«Enfin, le diable dort !»* Certaines situations peuvent nous pousser aux extrêmes. Ainsi, de retour à la maison un après-midi et constatant qu'il m'avait volé mes meubles avec mes bijoux qui se trouvaient à l'intérieur, je suis allée le dénoncer au commissariat. Malheureusement, on m'opposa une fin de non-recevoir au motif que nous étions mari et femme et que c'était donc une histoire à régler entre nous. Une nouvelle fois, on nous renvoyait dos à dos et le cauchemar continuait. Quelle rage de se sentir impuissante. À l'époque, c'était d'autant plus dur qu'il n'y avait pas comme aujourd'hui, des associations susceptibles d'aider les personnes qui étaient dans mon cas.

Je me sentais seule, livrée à moi-même, sans aucune possibilité de recours. Il n'y avait pas non plus le RMI, il fallait se débrouiller tout seul. Cependant, il faut reconnaître qu'on trouvait du travail beaucoup plus facilement qu'aujourd'hui. Toujours est-il que j'étais dans une voie qui me paraissait sans issue. Dans une ville que je connaissais mal et avec un travail qui prenait tout mon temps, je cherchais désespérément à le quitter, me heurtant toujours à un mur.

Une autre anecdote viendra encore témoigner de sa jalousie maladive. Alors que j'étais partie chercher une baguette à la boulangerie, j'en ramenai trois. La raison était simple, le boulanger fermait sa boutique pour partir en vacances et plutôt que de gaspiller la marchandise, il préférait en faire cadeau à ses clients. À mon retour, alors que j'étais contente de ramener mes trois baguettes, mon mari jeta son plat de pâtes sur les rideaux en me traitant de prostituée. Dans son délire, sans doute avait-il imaginé que le pain était un cadeau de mon amant, le boulanger. Ne me laissant pas le temps de m'expliquer, il me poussa avec tant de brutalité que ma tête alla heurter la vitre de la fenêtre. Puis, il serra ses mains autour de ma gorge. Devant la violence de la scène, mon fils prit peur et frappa fort son père. Mon mari prit alors sa valise et partit, déclarant qu'on ne le reverrait plus. S'empressant de refermer la porte à clé, Georges se tourna vers moi en poussant un soupir de soulagement *: « Il est parti, Maman, il ne reviendra plus. Surtout, n'ouvre pas la porte ! »* La police est venue et a constaté qu'il y avait du sang sur le mur. Ils ont dit à mon fils que s'il voyait à nouveau son père me frapper, il devait les appeler aussitôt. Mon mari est revenu un peu plus tard mais il a trouvé porte close, Georges refusant de lui ouvrir.

Un samedi soir, alors que ma mère était venue dormir à la maison, nous étions tous couchés quand vers minuit nous entendons un bruit énorme. Brisant un carreau, mon mari venait de pénétrer dans la loge et après s'être jeté sur moi, il me bourra de coups de poing sous les cris horrifiés de ma mère et de ma fille. En pyjama, mon fils traversa la rue pour aller dans la cabine appeler la police. Pendant ce temps-là, il continuait à me battre. Je recevais ses coups toujours allongée sur le lit, incapable de me relever. Puis, réalisant que mon fils était allé prévenir la police, il me lâcha pour s'enfuir. Mais je bondis aussitôt hors du lit et refermais la porte en lui coinçant le bras. Il se débattit alors comme un beau diable, mais à peine venait-il de réussir à se libérer qu'il aperçoit la police qui accoure. Prenant les jambes à son cou, il s'enfuit par un autre escalier pour tenter de leur échapper dans le bruit des sifflets qui retentissent dans la nuit. Alertés par ce vacarme, les voisins s'étaient mis à la fenêtre signalant aux policiers à quel étage le fuyard se trouvait. Ceux-ci parvinrent enfin à le rattraper et pour se justifier, il leur expliqua que je me prostituais avec ma fille et que ma mère avait tué son mari. Il fut d'abord interné à l'hôpital Sainte Anne et un peu plus tard à l'hôpital psychiatrique de la Maison Blanche. Le directeur m'appela pour me dire que mon mari était un homme dangereux, un véritable psychopathe. Il est d'une jalousie maladive et vous aime à sa façon.

À quinze ans, Georges trouva du travail chez un bijoutier, rue du Temple. Ma fille ne s'intéressait toujours pas à l'école. À vrai dire, elle n'avait qu'une idée en tête, devenir une star. Son rêve était d'être un jour danseuse mais suite à son problème à la jambe, je me suis aperçue qu'elle boitait. Comme son état empirait, on me conseilla de prendre rendez-vous à l'hôpital Necker. Après avoir examiné ma fille, le médecin se tourna vers moi en me réprimandant sèchement : *«Vous attendiez un an de plus et elle était condamnée à la chaise roulante pour la vie !»* Marie prit alors ma défense en disant que tout était de la faute de son père. Me voyant en larmes, le spécialiste m'envoya consulter l'assistante sociale de l'hôpital. Douze jours après notre visite, Marie s'est fait opérer. Sa rééducation fut très pénible, dès qu'elle entendait les pas du kinésithérapeute, elle se mettait à trembler. J'allais la voir tous les jours - sauf un - et une infirmière m'a dit que je la gâtais trop car elle n'arrêtait pas de pleurer. En sortant, elle était maigre comme un clou et sa jambe portait une cicatrice de quarante centimètres. *«Maintenant, je vais pouvoir faire de la danse grâce à toi !»* me dit-elle en m'embrassant. Les larmes me montèrent aux yeux. Ce fut pour moi un grand moment et j'ai beaucoup pensé à Mamie que je ne voyais pas mais dont je sentais très fort la présence.

Après l'internement de mon mari, notre tranquillité fut de courte durée. Au bout de deux mois, il s'échappa de l'hôpital psychiatrique. Par mesure de sécurité, la police garda notre porte pendant quelques jours car nous nous attendions à des représailles. J'en ai profité pour faire une demande de divorce qui après plusieurs refus fut enfin acceptée. Il faut dire que toutes les charges étaient contre mon mari.

En attendant la prononciation du jugement, j'avais obtenu la séparation de corps. Je suis allée à Fontenay-le-Fleury pour recueillir onze témoignages en ma faveur et ce n'était que le commencement d'une longue route pour arriver à mes fins. Afin de bloquer la procédure, mon mari se cachait et ne donnait plus signe de vie. Pendant ce difficile combat, j'eus le précieux soutien de Jean-Pierre, le fils de madame Glass. Sachant bien écrire, il venait à la maison pour m'aider à rédiger des lettres destinées aux avocats. Aujourd'hui, avec tout ce que mon mari m'a fait subir, je me demande comment je n'ai pas perdu la raison.

Un soir, revenant du travail à vingt-trois heures, j'aperçus les pompiers devant la porte de l'immeuble. Mon mari était passé par là et avait mis le feu à la poubelle. Marie avait vu la scène de la fenêtre et avait tout de suite reconnu son père. Une autre fois, il était neuf heures du matin et je revenais du travail en métro. J'étais tranquillement assise au fond du wagon quand je vois entrer mon mari. Il s'avança vers moi et s'adressant aux voyageurs, il leur cria que je faisais le trottoir et que j'étais une voleuse. S'approchant de moi, il me serra le cou avec ses mains tandis que personne ne bougeait. J'étais très mal. Dès que le métro se fut arrêté à la station suivante, j'en profitai pour bondir de mon siège et le griffer au visage avant de m'enfuir en courant. Je me demande toujours comment j'ai trouvé la force de réagir ainsi. Terrorisée par ce qui venait de se passer et craignant pour ma vie, je me suis acheté un pistolet à grenailles que j'ai mis dans mon sac. J'ai appris qu'il avait été voir mon patron pour lui dire que j'étais une voleuse, que j'avais volé son père mais heureusement ma collègue m'a défendue. Il est allé également voir le patron de mon fils car il voulait lui interdire de travailler. Il a menacé le bijoutier qui a pris peur et qui a préféré céder pour ne pas avoir d'histoires. Mais j'ai su qu'il avait beaucoup regretté mon fils car il était très satisfait de son travail.

Mon mari connaissait par cœur les allées et venues des

femmes du quartier. Il savait avec précision à quelle heure elles entraient ou sortaient de chez elles et les considéraient toutes comme des prostituées. Nous avions une voisine qui rentrait tard car elle travaillait dans la restauration et il s'était mis dans la tête qu'elle se prostituait. Un soir, il eut le culot d'aller l'attendre devant sa porte mais il se fit mal recevoir, se faisant traiter de tous les noms. Il ne lui resta plus alors que la fuite.

Il se rendait souvent devant la maison d'une amie, Isabelle, et la guettait à travers sa boite aux lettres. Un jour, elle a surpris son manège mais ne voulant pas le brusquer, elle s'est montrée gentille et se sentant en confiance, il lui a fait des confidences. Ensuite, elle me raconta tout. Il lui a notamment révélé qu'il avait payé quelqu'un pour me tuer. Malheureusement, il disait la vérité. Un jour, à la station Richelieu Drouot, j'ai entendu des pas derrière moi et lorsque je me suis retournée, un Maghrébin venait de disparaître brusquement derrière un pilier. Ce jour-là, j'ai vraiment eu peur.

Ne touchant plus les allocations familiales, je suis allée le signaler à la caisse. Mais après avoir consulté son écran, l'employée réagit brutalement en me demandant de sortir car je n'étais qu'une mauvaise mère qui se prostituait. Elle me précisa que mon mari était venu tout lui raconter. N'osant pas répliquer, abattue devant une telle injustice et d'aussi grossiers mensonges, je suis sortie en larmes et j'en ai parlé à mon avocat qui n'a même pas daigné décrocher son téléphone. Humiliée de ne pas aller le voir, soit disant pour écrire mon livre et d'avoir refusé la promenade dans sa voiture.

Une nuit alors que je revenais du travail et m'apprêtais à pousser la porte de mon immeuble, j'aperçois une silhouette vêtue d'un manteau de fourrure noir qui venait à ma rencontre. Reconnaissant mon mari, je vais aussitôt me réfugier derrière la grande porte de l'immeuble et me gardant bien d'appuyer sur la minuterie, je saisis un balai qui se trouvait là. J'étais noire de colère. Soudain la porte s'ouvre et à la faible lueur des lampadaires, je vois son ombre se projeter sur le seuil. Sans crier, car, je lui administrais des coups de balai dont il a dû se souvenir longtemps. Je frappai de plus en plus fort, sautant comme une gazelle pour éviter ses coups. J'eus très vite le dessus et il sortit dans la rue en sang, balançant son corps comme un ours blessé. Triomphante, toujours le balai à la main, je le regardais s'éloigner avec sa démarche d'ivrogne. Le lendemain, je fus convoquée au commissariat. Mon mari était déjà là, le crâne cousu de partout. Il n'a pas eu gain de cause et comprenant à qui ils avaient à faire, les policiers l'ont vite mis dehors. Il n'arrêtait pas de dire : *« C'est ma femme et elle le restera pour la vie. Au Portugal, c'est comme cela! »* Mais ce qu'il oubliait, c'est que nous étions en France.

Quand on est poussé à bout par des gens qui ne pensent qu'à vous faire du mal, je comprends qu'il est facile de tuer. Cela n'arrive pas seulement qu'au cinéma. Ainsi, cette fameuse nuit, j'aurais pu tuer Manuel sans le vouloir. Lorsque, peu après notre violente altercation, j'examinai le balai à la lumière, je m'aperçus que son manche était surmonté d'une redoutable pointe en fer. Un mauvais coup aurait pu avoir raison de la vie de mon mari.

Après cette scène pitoyable, j'imaginais qu'il n'allait pas renoncer à sa proie aussi facilement et que je devais m'attendre à un acte de vengeance. Aussi, lorsque je rentrais chez moi, je demandais à Jean-Pierre de m'accompagner jusqu'à ma porte d'entrée. Mes craintes furent malheureusement fondées. Un jour, il se cacha dans les escaliers et bondit sur Jean-Pierre en commençant à le frapper.

Quelque temps après, mon avocat m'apprit que mon mari venait d'écrire une lettre au procureur pour l'informer que je me prostituais avec ma fille et ma mère. Je n'ai pas dormi de la nuit. Manuel n'a pas demandé d'avocat et il ne s'est jamais présenté au tribunal. Tous ses coups, il les faisait en douce.

Décidément, dans ma vie rien n'allait comme je l'aurais souhaité. Marie rejetait l'école et Georges, perturbé par notre situation familiale, ne restait jamais très longtemps dans un emploi. Et pour ne rien arranger, notre adorable Patouche avait disparu.

Un jour, en ouvrant le courrier, je tombai sur une lettre du gérant de l'immeuble. Il m'apprenait que malgré la qualité de mon travail, il avait décidé de mettre fin à mon emploi de gardienne. J'avais deux mois pour quitter la loge. Voici la raison qu'il invoquait : mon mari lui avait raconté que j'avais l'intention de m'enfuir avec les loyers trimestriels des trente-deux locataires, ce qui représentait une somme considérable. Dans le doute, il préféra me congédier. Je me demande pourquoi je ne suis pas allée le voir avec mes enfants pour lui dire la vérité en face. Mais j'étais trop timide et je souffrais du complexe de la petite immigrée. Je n'aimais pas non plus les conflits. Il faut reconnaître également que je maîtrisais beaucoup moins bien la langue française qu'aujourd'hui, ce qui était un vrai handicap. Après avoir acquis la nationalité française, je me suis sentie beaucoup mieux. La France m'avait adoptée et je m'entendais bien avec les Français.

Le tribunal décréta que mes enfants devaient être suivis par un psychologue après avoir été tant malmenés. Georges était complètement perdu, mal dans sa peau, manquant de confiance en lui. Ces confidences, il me les fit beaucoup plus tard quand il eut atteint l'âge adulte. Jusqu'alors, il n'avait jamais osé m'en parler gardant douloureusement au fond de lui ce terrible secret. Marie était rebelle, pleine d'énergie. Elle disait souvent : *« je suis gueularde mais fragile comme un coquelicot. »*

Sans maison, nous nous sommes retrouvés à la rue. C'était les vacances d'été. J'ai confié ma fille à Isabelle qui habitait Pantin tandis que mon fils est allé dans un foyer. Puis, j'ai épluché les petites annonces du journal France Soir à la recherche d'un logement. Dans le 16ème arrondissement, rue Boileau, une femme louait une chambre au septième étage en échange de quelques travaux de couture. J'ai été reçue par une dame très aisée, issue d'un milieu bourgeois. Elle était gentille mais aussi très profiteuse. Elle exigeait trois heures de couture par jour. Le dimanche matin, elle me déposait des croissants sur le paillasson. Le soir, elle m'invitait chez elle à regarder la télévision. Mais en échange, je devais rester jusqu'à trois heures du matin, le temps de lui servir une tisane, de faire chauffer sa bouillotte et de la placer dans son lit. Elle me racontait comment elle était devenue riche.

Je fus embauchée dans le quartier par une entreprise où travaillaient déjà des Portugais. À chaque fois que je travaillais avec eux, j'avais des problèmes. Les Portugais à Paris formaient une communauté dans laquelle tout le monde se connaissait et je pâtissais de la mauvaise réputation de mon mari dont le nom figurait toujours sur ma carte de travail. D'ailleurs, celui-ci apprenant où je travaillais réussit à me faire perdre mon emploi. Je me promis alors de ne plus jamais travailler qu'avec des Français.

Je finis par trouver une autre place de gardienne dans le 15ème arrondissement, rue de l'Avre. J'associais aussitôt ce nom à l'expression *« havre de paix »* et l'adresse de ce nouveau logement devint pour moi un symbole, celui d'une nouvelle vie plus sereine, plus heureuse. L'immeuble se trouvait derrière la rue du Commerce dans un quartier que j'adorais. J'étais à proximité de nombreux commerces, d'un marché et d'une station de métro.

Ma vie a repris du soleil

Au fil des lettres qu'il écrivait pour moi, Jean-Pierre apprit à me connaître et tomba amoureux. C'était un beau et grand garçon, blond aux yeux bleus. Seule petite ombre au tableau, notre différence d'âge. J'avais trente-huit ans et lui vingt-sept. Mais je décidai de ne pas y attacher trop d'importance car on s'entendait à merveille et c'était l'essentiel. Souvent, lorsque nous passions à table, j'avais la surprise de trouver un petit cadeau dissimulé sous ma serviette. Pour ma part je n'étais pas en reste et j'avais toujours de petites attentions pour lui.

Un jour, il s'exclama : *« Mais comment fais-tu ? Tu te couches tard et te lèves tôt et tu n'es jamais fatiguée! »* J'avais la réponse : *«Je ne fume pas »*. Sans que je lui dise quoi que ce soit, il a aussitôt arrêté de fumer et s'est senti beaucoup mieux.

Ma fille rêvant toujours de devenir danseuse, j'ai demandé un rendez-vous à la directrice du conservatoire, madame Vossar. Elle avait onze ans, elle était mince et jolie. Je l'ai accompagnée à l'opéra où elle a passé une audition. Mais il était malheureusement trop tard pour l'inscrire dans cette prestigieuse institution parisienne et les cours de danse étaient très chers.

Par l'intermédiaire de la mairie, elle a intégré un autre cours au milieu de l'année. Je voulais être sûre de son talent et je pensais que c'était en dansant qu'elle le démontrerait. À la fin de l'année, elle passa les épreuves avec succès malgré une grippe carabinée. Sa motivation avait été la plus forte. J'ai rencontré son professeur de danse qui m'a confirmé qu'elle avait de réelles possibilités et je suis ressortie de cette entrevue avec beaucoup d'espoir.

Dans l’immeuble dont j'occupais la loge, j'avais pour locataire un ténor d’origine russe. Ce monsieur d'un certain âge trouvait que ma fille avait l'air d'une danseuse. Apprenant qu'elle était inscrite à un cours et qu'elle avait obtenu de bons résultats, il décida de la présenter à Irina Gresbina qui dirigeait des ballets classiques et des ballets russes. J'étais ravie pour elle. À quatorze ans, elle fit ses premiers pas dans les ballets russes.

Pour arrondir mes fins de mois, je faisais des retouches pour une boutique de luxe. Monsieur Simon, le patron, m’amenait du travail tous les matins.

La séparation avec mon mari fut enfin prononcée après des années de lutte et de découragements. Il fut déchu de ses droits mais le juge me conseilla de ne pas réclamer une pension que de toute façon, il ne paierait jamais. Selon lui, y renoncer était le prix de ma tranquillité. D'après mon avocat, il était passible d'au moins trois ans de prison mais à la condition de faire un autre procès. Je trouvais cela injuste, révoltant.

Georges était toujours dans un foyer vivant dans une certaine promiscuité avec des délinquants. Ce n'était pas bien sûr la vie que j'avais rêvée pour lui mais je ne pouvais que me résigner, espérant des jours meilleurs pour qu'il s'en sorte définitivement.

Un client satisfait de mon travail de couture, il s'agissait d'une retouche pour un pantalon, me présenta au directeur du magasin Michel Axel situé boulevard Saint Germain. Timide, manquant de confiance en moi, je lui ai dit que je craignais de travailler dans une boutique. Mais par une simple phrase, il me rassura aussitôt : *« Pourquoi auriez-vous peur puisque vous avez des mains de fée. C'est ce que tout le monde dit dans le quartier ! »* Quand j'y repense, je ne peux m'empêcher de sourire.

Le lendemain, mon client m'a présenté au directeur de la boutique Richard, un jeune très sympathique. *« Vous pouvez commencer demain »* m'a-t-il dit.

L'ambiance était formidable, Guy, chaque fois qu'il traversait l'atelier, improvisait un petit défilé de mode. Un jour, le petit teckel de Richard avait levé la patte sur la robe de Mme Wuilly. Mon gâteau anglais avait toujours un trou au milieu, le petit chien l'adorait. Une autre fois, Richard m'appela : *« On a deux voleuses au premier étage ! »,* comme une flèche je montai les marches, les poussant et les traitants de voleuses. Prises de panique, elles glissèrent en laissant tomber les sacs contenant les larcins d'autres boutiques. Il y avait aussi la gifle que j'avais donnée au maître tailleur, finalement c'était Guy qui m'avait touché les fesses… Le coup du néon aussi : Guy, avec un cintre .... J'ai pris le cintre et, en le jetant, j'ai cassé le néon ; comme une bombe, toute l'équipe était arrivée, moi toute blanche devant la machine, Richard très sérieux… mais il ne pouvait pas se retenir et tout le monde rigolait, sauf moi.

Je n'oublie pas Fabrice et l'histoire du fameux costume à envoyer en Corse, également Vanda, Clémentine et

Jacques qui, comme tailleur, m'a beaucoup appris. Bref, nous avions du travail et de bons clients.

Quelque temps après ma séparation, un samedi, alors que ma fille essayait une paire de mocassins bleus que je venais de lui acheter, la sonnette retentit. Derrière la porte se trouvait une femme avec un grand dossier sous le bras. Elle me montra sa médaille d'officier de la police et entra. Voyant mon air atterré, je me demandais encore ce qui allait me tomber sur la tête, elle me dit de m'asseoir calmement. Comme je tremblais et que j'étais visiblement mal à l'aise, elle suggéra à ma fille de m'apporter un grand verre d'eau. Puis elle posa amicalement la main sur mon épaule en me disant de ne pas m'inquiéter. *« Votre mari ayant écrit une lettre au procureur pour lui raconter que vous vous livriez à la prostitution avec votre fille et votre mère sur les Champs Elysées et place de la Nation, le procès a été suspendu. Mais je vous rassure tout de suite, nous avons mené une enquête qui plaide en votre faveur. Cela fait six mois que nous vous suivons et nous n'avons rien relevé à votre encontre. Au contraire, nous avons appris que vous étiez une fourmi qui du matin au soir se tuait au travail. Par ailleurs, nous n'avons reçu que des éloges sur vous. Nous n'avons donc que des compliments à vous adresser ce qui est loin d'être le cas pour votre mari. Son dossier pèse très lourd. »* Je comprenais mieux pourquoi le procès avait été si long et je poussais un soupir de soulagement.

En 1972, mon frère très malade n'a pas supporté sa troisième opération. Il a appelé ma mère mais elle n'a pas voulu se déplacer alors qu'elle en avait la possibilité. Je lui en ai toujours voulu.

Avec Jean-Pierre, l'entente était toujours aussi parfaite. Nous avons même décidé d'ouvrir une boutique de chaussures et de travailler ensemble. Elle se trouvait dans le 18ème et nous avions une bonne clientèle à qui nous vendions des chaussures de qualité. Des dames âgées n'hésitaient pas à pousser la porte pour venir faire la conversation avec moi. Nous avions des amis comme Brigitte qui tenait un magasin de cuir ou encore Bruno et sa compagne, un jeune couple. Le soir, il nous arrivait de sortir tous ensemble et de faire la fête. Nous habitions alors avenue Secrétan, assez loin de la boutique, et nous étions de retour à la maison très tard. De plus, les représentants des différentes marques venaient en fin de journée et je devais être là pour aider mon ami à choisir les modèles car il n'avait pas trop de goût pour cela.

Jean-Pierre ne voulait jamais sortir sans moi, pourtant je lui laissais une grande liberté, lui faisant entièrement confiance. Nous nous aimions et je crois qu'il avait beaucoup d'admiration pour moi.

Des amis, Jean-Pierre et moi (en blanc au centre)

Un samedi soir, Bruno est venu nous chercher pour sortir. Trop fatiguée par ma longue journée, je déclinai l'invitation. Jean-Pierre, comme à son habitude, ne voulait pas sortir sans moi. C'est moi qui ai insisté, je ne voulais pas le priver d'une sortie agréable et comme je l'ai déjà dit, j'avais entièrement confiance en lui.

En revenant, il me raconta qu'une jeune fille de dix-sept ans lui avait fait la cour dans la discothèque mais bien sûr, il n'avait pas répondu à ses avances. D'ailleurs, il l'avait trouvé trop maigre et pas jolie.

Le samedi suivant, j'ai également refusé de sortir car j'avais du travail en retard à la maison. Une nouvelle fois Jean-Pierre est sorti sans moi et à son retour, il m'a reparlé de cette fameuse jeune fille qui lui avait fait des avances la dernière fois. Bruno l'avait poussé dans ses bras en lui disant : *«Et bien qu'est-ce que tu attends, on va finir par penser que tu n'es pas un homme !»*. Il avait alors répondu *«Je ne veux pas tromper Maria !»*

J'étais heureuse d'entendre cela. Finalement, un autre samedi soir, alors qu'il était sorti seul, il est resté dehors toute la nuit. Ce n'était pas dans ses habitudes. Il est revenu le lendemain matin, les cheveux en bataille et les traits tirés. Il avait apporté des croissants mais il ne me servit pas le petit déjeuner au lit comme il en avait pris l'habitude le dimanche matin. Jean-Pierre m'avait toujours dit qu'il ne me tromperait jamais mais que si par malheur cela lui arrivait, il m'en parlerait aussitôt.

C'était un garçon très franc. Quand il m'a dit en me regardant dans les yeux : *« Il faut que je te parle ! »* j'ai compris tout de suite et j'ai eu très mal, si mal que je l'aie haï et que je l'aie même frappé. Il est sorti pour ne revenir que le soir en me demandant pardon.

Les jours qui suivirent, nous avons fait chambre à part. Je passais les nuits avec ma fille. Pendant quinze jours, tous les matins, à genoux, il me demandait pardon. Sa mère téléphonait, très inquiète. Au bout d'une quinzaine de jours, il est parti définitivement pour vivre avec la jeune fille. Quant à moi, j'ai dû retrouver du travail dans une boutique de prêt-à-porter.

Lorsque je travaillais avec Jean-Pierre, nous avions une vendeuse qui s'appelait Suzie. Un jour, elle m'appela pour me donner des nouvelles et ne se priva pas pour me faire quelques confidences sur la nouvelle amie de son patron.

Elle raconta que c'était une femme facile qui draguait les clients qui s'arrêtaient devant la vitrine. Elle me dit aussi qu'elle laissait tout le travail à Jean-Pierre et qu'ils n'arrêtaient pas de se disputer dans la réserve. C'était en outre une piètre cuisinière qui ne savait même pas faire cuire des pâtes. Jean-Pierre m'appelait souvent, de plus en plus souvent, sentant sans doute la fin prochaine de son idylle avec la jeune fille. Moi j'étais toujours aussi mal, j'en avais même perdu l'appétit. Je n'ai plus jamais voulu le revoir et je le regrette aujourd'hui. C'était vraiment un garçon bien, gentil, honnête.

Mon grand défaut est d'être rancunière et de ne pas savoir pardonner quand on me fait du mal. Je sais qu'il m'a beaucoup aimé et Brigitte m'en a donné un témoignage en me racontant qu'elle lui avait fait des avances quand nous étions encore ensemble et qu'il avait refusé pour ne pas me tromper car il se disait attaché à sa « petite femme ».

Pourtant, Brigitte était une jeune femme magnifique de type scandinave. Elle était grande et mince, blonde avec de grands yeux verts et des lèvres sensuelles. Après ce coup, j'en appréciais d'autant plus la fidélité de mon ancien ami.

Marie se trouva un fiancé, un beau garçon qui était aussi son partenaire de danse.

Mon fils avait toujours des problèmes, il était instable dans le travail, je le sentais un peu perdu. Un jour, je tombais par hasard sur une phrase qu'il avait écrite. Il s'agissait de quelques mots qui mesuraient toute sa détresse : « Mon Dieu, aide-moi ! » C'est un garçon croyant mais qui a souffert de l'attitude de son père et qui en porte les marques à vie. Jamais, il ne pourra lui pardonner.

J'ai dû subir, dans trois de mes emplois, le harcèlement professionnel. Comme je faisais bien mon travail, les patrons m'estimaient et me donnaient des postes de responsabilité. À cause de ces difficultés, je souffrais au point que le médecin est venu deux fois sur place pour me prodiguer des soins.

Mon rêve de petite fille enfin réalisé

En voyant une petite annonce dans son studio de danse, ma fille a pensé à moi. Nous étions en novembre 1978, le Paradis Latin venait d'ouvrir ses portes et recherchait une couturière. N'ayant jamais confectionné des costumes de scène, j'estimais que je ne ferais pas l'affaire, que ce n'était vraiment pas un emploi pour moi. Mais ma fille ne l'entendit pas de cette oreille et elle se montra si persuasive que je décidai malgré tout de me présenter.

Je n'y croyais pas vraiment mais après tout, je n'avais rien à perdre. Autant dire que j'avais le trac lorsque je me suis retrouvée face à trois hommes qui n'arrêtaient pas de me dévisager. Comme je l'appris par la suite, il s'agissait de trois personnalités du monde du spectacle : Jean-Marie Rivière, fondateur de l'Alcazar, Jean Kriegel, fondateur du Paradis Latin et Paco le régisseur. *«Alors, comme cela vous êtes couturière ?»*, me demanda Jean Marie Rivière, en me regardant du coin de l'œil. Dans mes petits souliers, j'ai répondu un *«oui»* timide. Paco, le régisseur, m'invita alors à le suivre.

Nous sommes descendus par un escalier, puis nous avons emprunté un labyrinthe où se trouvaient les loges pour les artistes avant d'arriver devant une grande machine à coudre. Là, Paco m'a tendu un morceau de tissu en me demandant de lui montrer ce que je savais faire. Je poussais un soupir de soulagement en voyant cette grosse machine à coudre, c'était la même que chez Michel Axel pour qui je travaillais et je savais parfaitement m'en servir.

Je me mis alors au travail, maniant avec dextérité l'aiguille et le morceau de tissu que je faisais aller et venir dans tous les sens sous le regard un peu médusé du régisseur qui cria : *«Arrêtez !..., cela suffit !, on voit que vous savez coudre !»* Voilà comment je fus engagée au *Paradis Latin*. J'ouvris grand les yeux pour être sûre que je ne rêvais pas: j'allais enfin travailler dans le spectacle ! Mon rêve de petite fille était en train de se réaliser.

J'ai commencé à travailler au *Paradis Latin* le 28 février 1978. Ce fut pour moi un grand bonheur. Enfin, j'allais me réaliser dans un métier que j'aimais. J'étais vraiment dans mon élément et je prenais mon travail comme un rôle dans une pièce de théâtre ; dansant en même temps, bercée par la musique entraînante du spectacle qui me parvenait de la scène. En entrant au *Paradis Latin*, je tournais véritablement une page de ma vie.

Je continuais à travailler chez Axel mais la fatigue eut raison de moi et je dus m'arrêter au bout de cinq mois. J'étais tellement épuisée que je pouvais difficilement fixer mon attention et risquais à tout moment de me coudre les doigts. Il faut dire que je travaillais jour et nuit. Malgré mon emploi au *Paradis Latin*, j'y suis retournée trois fois.

J'étais un peu intimidée par Jean-Marie Rivière mais beaucoup plus à l'aise avec Jean Kriegel, le patron. Un jour, alors que j'étais dans les coulisses et que je regardais le spectacle, émue aux larmes, Jean-Marie Rivière me tira par la manche et me dit : *«Luz, ta place n'est pas en bas, mais ici, sur la scène !»*

Paradis Latin 1984.

Cinquième anniversaire "j'amène la troupe"

Jean-Marie Rivière était très observateur et s'il sentait que quelqu'un avait un don, il le faisait monter sur la scène. Ainsi, pour ma plus grande joie, je commençai à tenir des rôles. Voulant tirer un trait sur mon ancienne vie, je demandais à tous de m'appeler « *Luz* » et d'oublier le prénom de Maria qui me rappelait tant de mauvais souvenirs. Aujourd'hui, on m'appelle toujours Luz. C'est d'ailleurs mon deuxième prénom.

Je me souviens de Marie-Christine, danseuse au Paradis Latin. Après le spectacle, elle m'a invité à une fête au Crypton où elle devait chanter. Il y avait aussi une troupe brésilienne, une Haïtienne, suivi d'un concours de danse (j'ai conservé la belle robe que j'avais à ce moment-là). Il y avait beaucoup d'animation avec des danseurs de plusieurs cabarets et même de l'Opéra.

Moi à cinquante-deux ans, j'étais dans mon coin, un peu frustrée et je regardais les danseurs de l'Opéra faisant le grand écart en pleine exhibition. Je souriais de les voir.

Après les chansons et les troupes, le concours de danse débutait et je ne pouvais pas me retenir, le commençai à danser. Au bout de quelques heures, une voix qui me semblait venir de loin, annonçait *« c'est vous qui avez gagné, madame »* Je continuais, on me tirait par la manche, me retournai et vu une veste en velours bordeaux : c'était le présentateur qui me prenais par la main et m'amenai sur le podium au son du reggae de Bob Marley. J'ai dansé, tout le monde m'accompagnant mains en l'air. Moi, étourdie, surprise, je me demandais : « Qu'est-ce qui m'arrive ? »
J'ai gagné plusieurs bouteilles de magnum. Après, avec Marie-Christine et les autres, nous avons pris le petit-déjeuner dans un bistrot à Montparnasse.

Soirée au Crypton.

Au Paradis Latin, *on me surnomme "la sorcière bien-aimée",* j'exerçais tous les métiers : couturière, habilleuse, comédienne... Si bien que mon patron disait que j'étais une femme *« orchestre ».* Je me sentais très proche des danseuses et elles m'avaient surnommée *leur sorcière bien-aimée* ou *Madame Irma*. Parfois, nous allions manger ensemble après le spectacle. En parlant d'elles, je disais toujours « *mes* » danseuses. Je dois beaucoup à Jean Kriegel et à Jean-Marie Rivière pour leur gentillesse et la part de rêve qu'ils ont apportée dans ma vie. La femme de Jean-Marie Rivière était la meneuse de revue, une femme froide et mystique. Plus tard, lorsqu'elle partit, ce fut la belle Herma Vos qui prit sa place, une femme charmante et de très bonne éducation.

Je l'appelais "ma petite Herma." Vous pensez, elle mesurait un mètre quatre-vingt-six et moi un mètre cinquante-deux. Cela ne m'empêchait pas de l'avoir dans mes bras quand elle était stressée. Elle disait : *« Ici, tu es ma maman »*.

Le spectacle commençait le soir à dix heures et les répétitions avaient lieu à partir de minuit. Il m'arrivait de ne pas rentrer chez moi avant quatre heures du matin. Passionnée par mon travail et plongée dans une merveilleuse ambiance, je ne sentais plus la fatigue.

Lorsque Jean-Marie Rivière est parti, il a eu différents successeurs comme Christian Duras ou encore Philippe Rondest. Celui-ci, en m'observant m'a donné deux rôles dans sa revue. À cette époque, la préparation de son spectacle, on vivait au Paradis Latin. On répétait. On mangeait de très bons repas. On se douchait. Pendant une répétition, à trois heures du matin, je me suis assoupie.

Répétition de la nouvelle revue du Paradis Latin 3h du matin.

Un jour, j'ai eu le plaisir de voir débarquer Eddie Constantine en personne. Le célèbre acteur américain arrivait d'Allemagne, son nouveau pays d'adoption après la France. *Au Paradis Latin*, il venait présenter un spectacle pour vanter la marque de voiture BMW. Sa présence suscita de la jalousie au sein de notre équipe et il ne fut pas accueilli aussi bien qu'il aurait dû l'être. Se sentant un peu délaissé, il venait s'asseoir dans l'atelier, près de ma machine à coudre et nous parlions comme si nous étions de vieux amis. Peu à peu, entre lui et moi, se tissa alors une certaine complicité. Je me montrais attentionnée à son égard, lui repassant ses chemises et ses nœuds papillon.

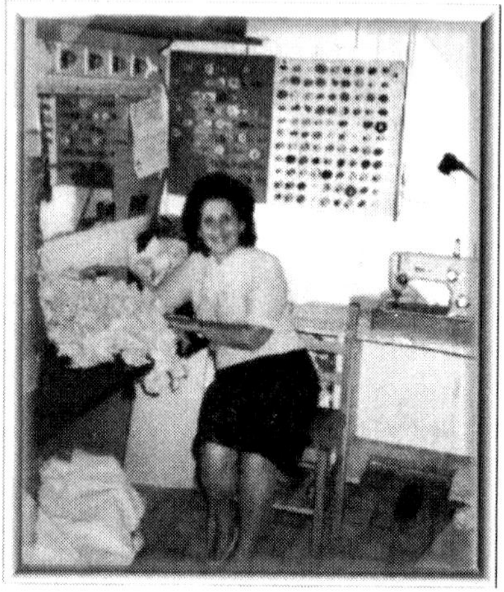

L'atelier de couture du Paradis Latin

C'était un homme sympathique et délicat que j'appréciais beaucoup. Un soir, au risque de me faire rougir, il me déclara que j'étais la femme qu'il lui fallait. Il me donna même son numéro de téléphone personnel mais je ne l'ai jamais appelé. Je le considérais davantage comme un ami. Au moment de partir, pour me remercier de ma gentillesse, il glissa dans un tiroir une bonne somme d'argent à mon intention.

Il m'est difficile de parler du *Paradis Latin* sans évoquer le souvenir de Sergio, un excellent présentateur. Je lui ai confectionné un costume lorsqu'il joua « *Papa Guénot* » de Mozart. Je me souviendrai toujours du jour où je suis arrivé avec des croquettes de morue. Je crois ne lui avoir fait jamais autant plaisir, il avait adoré.

N'étant pas d'accord avec le manège de la chef habilleuse, j'ai quitté le *Paradis Latin*. Mais on est venu me rechercher prétextant que sans ma présence ce serait la pagaille au niveau de la couture. J'ai fini par céder et je suis revenue. Le fils du patron m'a alors proposé la place de chef habilleuse mais j'ai refusé. J'aimais bien ce que je faisais.

Lorsque l'un d'entre nous fêtait son anniversaire, Jean Kriegel faisait descendre du champagne dans les loges. Il organisait souvent des fêtes à l'extérieur et, très généreux, il disait à toute son équipe de venir. Je me souviens qu'à Gaillardon la fête avait eu lieu dans une propriété magnifique avec des flamands roses et que l'on dansait au son d'un orchestre. Jean était habillé de blanc et découpait le cochon.

1985 Jean Kriegel découpe le cochon

Une autre année, il nous a emmenés à Reims chez le producteur de champagne Mouët et Chandon. Nous avons visité les vignes, puis déjeuné dans le jardin et nous avons visité les caves. Nous sommes également allés dans une boite de nuit que la société Mouët et Chandon avait aménagée à l'intention de ses clients dans une de ses caves. Là, nous avons bien bu, ce qui n'était pas dans mes habitudes. Avec un sympathique jeune homme, j'ai dansé la danse de Napoléon et j'ai même cassé un talon mais cela ne m'a pas empêché de continuer à virevolter. Je me souviens d'une fête chez Jean Kriegel. Many, l'épouse de celui-ci, a distribué des foulards d'une grande marque. Elle a choisi, pour moi, un bleu turquoise. Ensuite, on a dansé. Je garde encore toutes ses cartes de vœux qui sont des extraits de ses tableaux. D'une beauté !!! Au *Paradis Latin*, nous formions une vraie famille.

Dans son tableau de Carmen, Jean-Marie Rivière me donna le rôle d'une patronne de maison close. Je portais une robe avec une traîne jaune à dentelles noires, la copie de la robe de Maryline dans *Rivière sans retour*. Mais pour soigner mes crises d'asthme, il fallut m'hospitaliser pendant un mois. Entre les traitements à la cortisone et le repos forcé, je pris huit kilos et à mon grand désespoir, je ne rentrai plus dans la fameuse robe de Maryline lorsque je fis mon retour au *Paradis Latin*. Furieux, Jean-Marie Rivière me retira le rôle. Cela reste pour moi un très mauvais souvenir.

Jerry appartenait à la troupe des danseurs. Il était américain et très doué pour la photo. Comme je souhaitais entrer dans le monde du cinéma en faisant d'abord de la figuration, il me tira magnifiquement le portrait. J'achetais alors la revue *Le technicien du film* et j'allais voir les maisons de production avec les superbes photos noir et blanc de Jerry, précieusement rangées dans mon cartable.

Un jour le téléphone sonna et une société de production me proposa une figuration dans un film d'Édouard Molinaro. Je devais jouer le rôle d'une paysanne, habillée comme autrefois. Mais au moment de passer la jupe, je constatai qu'elle était un peu déchirée. Or, il n'y avait qu'une seule habilleuse et elle ne savait plus où donner de la tête. Comme elle me faisait de la peine, je lui ai demandé du fil et une aiguille et je me suis assise sur le pas de la porte pour réparer moi-même la jupe. Voyant mon travail, l'habilleuse me complimenta et je lui répondis fièrement que j'étais couturière au *Paradis Latin*. Une femme s'approcha et me donna une tape amicale sur l'épaule, c'était la maquilleuse qui venait recoller la moustache du comédien qui jouait le rôle de mon mari. Une certaine complicité s'est vite établie entre nous et j'ai appris un peu plus tard qu'elle était tout simplement la femme du réalisateur. Le tournage fut très plaisant. Je disais des choses drôles pour distraire la galerie. Le comédien qui jouait le rôle du mari riait si fort que sa fausse moustache se décollait souvent. Il y avait tout près de moi un cheval de trait qui fit ses besoins, ce qui provoqua des éclats de rire. Autre anecdote également très savoureuse, j'avais dans mon panier des poireaux qui soudain ont disparu. On les chercha partout mais en vain jusqu'au moment où on trouva le coupable : notre brave cheval n'en avait fait qu'une bouchée. À un autre moment j'étais sous un arbre et je dégustais tranquillement une carotte et une pomme qui faisaient partie du décor quand Édouard Molinaro s'approcha de moi et me demanda sur un ton un peu ironique : « *vous avez faim, madame ?* » Intimidée, je me contentai de bredouiller quelques mots en guise de réponse. J'aurais tant aimé lui demander de penser à moi lors d'un prochain tournage mais les mots restèrent au fond de ma gorge.

Un jour, une grande styliste du cinéma français m'appela car l'habilleuse du film de Molinaro lui avait parlé de moi. Ainsi, j'ai commencé à travailler sur des tournages comme couturière et parfois, on me donnait un rôle. La styliste avait besoin de mes services pour un tournage de la Century Fox avec Jane Seymour et Stéphane Audran. Dans ce film on dansait la java et, connaissant mon goût pour la danse, elle m'avait réservé une magnifique robe 1930. Je devais danser avec Roland, un lilliputien, mais un acteur est venu le chercher et cela m'a mis en colère. Ne voulant pas le laisser partir, je criai de toutes mes forces : « *Laissez-le, c'est mon homme !* » Cela a bien fait rire toute l'équipe sauf la styliste qui faisait la tête. Devant mon succès, le réalisateur a voulu me donner un vrai rôle pour la semaine qui suivait. Mais craignant sans doute de perdre sa couturière, la styliste a répondu que je n'étais pas là pour jouer la comédie mais pour faire de la couture. Je me suis alors réfugiée dans l'atelier de couture en pleurant comme une madeleine, mon chagrin était immense, et, furieuse contre la styliste, je ne lui ai plus adressé la parole de tout le tournage.

Un peu plus tard, la styliste me laissa des messages sur mon répondeur pour me proposer du travail mais je refusai de répondre. Malgré cela, aujourd'hui, je pense toujours à elle. On s'entendait très bien.

J'ai eu également le plaisir de confectionner la robe noire à paillettes qui servit à la publicité pour le parfum *La nuit* de Paco Rabanne ou encore la jupe noire en cerceau pour les collants Dim et ses imperméables. Lorsque je prenais le métro et que je voyais les vêtements que j'avais confectionnés sur les affiches, j'étais à la fois heureuse et fière.

Manquant de confiance en moi et éprouvant le besoin de m'affirmer, je décidai de prendre des cours de théâtre. Je me suis inscrite à l'école de Michel Santeli et j'en ai retiré un grand bénéfice.

Au Paradis Latin, je gagnais bien ma vie mais il est vrai que je ne comptais pas mes heures. Il m'arrivait de rester toute une nuit pour finir un costume, de ma propre initiative. Je tenais le coup grâce aux cafés que le gardien m'apportait et le matin, je sortais fraîche comme une rose, satisfaite d'avoir fini mon travail. Je prenais mon petit déjeuner à *l'Etoile d'or*.

Orient Express,

au

Paradis Latin

Des anecdotes à n'en plus finir.

Pendant quatre jours, la machine à laver est tombée en panne. Le dépanneur de chez Darty ne pouvant pas venir ; cela m'empêchait de dormir et très embêtant pour les danseurs. En même temps, on préparait une autre revue de Philippe Rondest.

Contrariée, je n'étais pas descendue pour le diner, je restais dans le local où se trouvait la machine à laver, on m'appelait, mais je faisais la sourde oreille. Au bout de vingt minutes, j'ai réussi à la faire marcher.

Les danseurs sont venus me chercher et voyant que la machine fonctionnait et lavait leurs chemises, ils étaient fous de joie. Ils sont allés à la réserve chercher une combinaison grise et ont marqué en rouge sur le dos « DARTY », et ils me l'ont enfilé. Ensuite, ils m'ont pris sur les épaules et porté jusqu'à la salle en triomphe, criant *« la machine marche !!! »* Tout le monde a applaudi, je me suis sentie tellement heureuse, mes danseurs passant avant tout.

Je ne peux laisser passer cet évènement "la fête d'halloween" avec tous les cabarets de Paris. J'ai posé la question : « en Cancaneuse ?, ou en Madonna ? ». « Pas en Cancaneuse, c'est mieux en Madonna suggèrent mes amis du Paradis Latin. J'ai préparé le costume les gants, les jolies bottines vernies noires à lacets, les collants résilles, la perruque. Je me suis costumée après le spectacle, mes amis et certaines personnes sont restés dans la salle pour voir passer la star "Madonna". Roberto, mon partenaire sur l'Orient Express, était habillé en vampire, une grande cape noire et tenait majestueusement une belle canne à la main, il était magnifique.

Tous en taxi, direction Champs Elysées, le Théâtre du Rond-Point. Sur le chemin, feu rouge, les gendarmes… Ils se sont approchés de suite. « Bonsoir Madonna, vous êtes trop belle, bonne chance ». Roberto dit « Ils t'ont reconnue !... incroyable !... ». En arrivant à l'entrée de la grande salle située au sous-sol, Roberto me prend la main en s'égosillant « Voici Madonna ! » ; et tour les gens s'exclamaient à leur tour « Madonna, Madonna, Madonna ». Dans cette salle, un très bon buffet était dressé, au milieu, un grand bar. Les danseurs se sont approchés de moi pour me saluer m'applaudissant et m'accompagnant jusqu'au buffet. Je mangeais un peu, en oubliant qui j'étais, je me sentais très heureuse ; la musique…, les danses…, pour moi c'était magique !... Une danseuse de Lido habillée en cow-boy adossée au bar me regardait tout le temps avec un très beau sourire. En s'approchant de moi elle me dit « j'aimerais que ma maman soit comme vous ». « Merci », j'ai répondu.

Le concours venait de débuter sur une musique de Madonna, je commençais à danser, je ne voyais personne, j'imitais un peu Madonna .Tout d'un coup, une voix crie, « Regardez-la ! Ça c'est une femme qui a des couilles ». Le président du jury du Lido, avec Mme Géna assise, m'observaient. Mais chaque cabaret devait montrer son numéro. Évidemment pour moi c'était celui des danseuses du Paradis Latin que j'ai préféré… Au final du concours, l'annonce du premier prix : « Le Chaperon Rouge », suivit d'un prix spécial pour « Madonna ». J'ai dû monter les marches jusqu'en haut sur le podium. Les danseurs criaient « Madonna, Madonna ». Moi, discrètement, mettant ma main dans la petite poche secrète de mon super soutien-gorge façon Jean-Paul Gaultier, je sortais des petites culottes de six centimètres que j'avais confectionnées et les jetaient sur les gens qui dansaient. En bas le délire ! Tout le monde en voulait un, ils tombaient les uns sur les autres pour en attraper. Puis au son de la musique, j'ai descendu avec grâce ces sacrées marches, très dignes, deux danseurs agenouillés aux pieds de l'escalier m'attendaient. Arrivée à leurs niveaux, embrassent mes bottines et me soulèvent en me prenant sur ses épaules.

Au théâtre Rond-Point déguisée en Madonna. Je fête Halloween avec toute la troupe.

Le concours le Miss au Paradis Latin, je lui avais bien dis que ce serait elle qui gagnerait, je ne me suis pas trompée la Grecque, une belle fille brune aux yeux bleues, l'américaine, la brésilienne et l'allemande. Les miss devaient enfiler les maillots du Prologue. Je devais réaliser un très grand travail de retouche, marquer les chaussures avant et après le concours, car les danseurs du Paradis Latin devaient retrouver leurs costumes.de scène pour que le spectacle puisse continuer. Le soir invitée avec les Miss et toute la troupe dans un bon restaurant, la production Century Fox m'a offert un superbe bouquet de fleurs de ma taille, j'ai dû prendre un taxi pour rentrer à la maison.

Costumes du grand créateur et mon ami

Roberto Rosello ; confectionnés par moi-même

" Vanessa "

" Babette & Nataly "

" Fabiènne,
Gérard-Joseph,
Melvine,
Sophie,
Ursuline,
Jöëlle
etc . . .
Des Danseurs du Paradis Latin

Avec Derek

Paula, Babeth, Florence, Alain Chantôme

Paradis latin : le soir ...Tournages : dans la journée...

Pour les frères Corses, film américain, je me levais à cinq heures trente du matin, le bus de la production m'attendait Porte Maillot, panne d'oreiller à sept heures, j'ai dû prendre le métro, le RER et un taxi pour arriver à Dampierre, au fond de la grande allée du château.

Toute l'équipe m'attendait, voyant le taxi ils ont sauté, mains en l'air. Arrivant, demandant des excuses, « *la robe de la reine est prête* », ai-je dit. « *Il y a un changement, il faut ajouter deux drapés sur le devant* ». Il ne fallait que quatre épingles, « *personne ne pouvait le faire ?* » J'ai regardé les jeunes stylistes hollandais : « *vous êtes styliste ?* » Je trouvais cela absurde ! En une minute, j'ai fait les drapés, après, je leur faisais des excuses pour les avoir disputés devant tout le monde. En tous cas, ils ont tourné le grand plan.

Sur le tournage des films : . . .

" *Les frères Corses* "

" *Le fou du Roi* "

On commence à parler du Sida... Je perds un ami très cher

La nouvelle est tombée comme une bombe. Un virus mortel venait de faire son apparition : le Sida. Cette maladie dont on ne connaissait pratiquement rien, fit d'abord des ravages dans le milieu homosexuel et chez les personnes qui se droguaient puis elle se généralisa à l'ensemble de la population. J'avais peur pour mes amis du *Paradis Latin*, pour mes danseuses et mes danseurs. Je les observais attentivement, guettant le moindre signe qui aurait pu faire penser à la maladie. Dès que j'avais des doutes, je leur conseillais discrètement d'aller consulter un médecin.

Je me suis informé auprès de l'association AIDE afin de mieux connaître les symptômes et les traitements de cette terrible maladie. J'ai lu beaucoup de livres sur le sujet dont celui de Dominique Lapierre. Je suis même allée faire le pied de grue devant l'institut pasteur car je désirais rencontrer Luc Montagnier et Françoise Sinoussi pour qui j'avais une grande admiration. Ces deux chercheurs de génie reçurent le prix Nobel en 2008 pour leurs travaux portant sur la découverte du rétrovirus responsable du Sida.

Un ami était danseur au Paradis Latin. La maladie lui est tombée dessus comme la foudre. Très fatigué, il maigrissait à vue d'œil et cela faisait peine à voir. Lorsqu'il a été hospitalisé, je lui ai rendu visite avec mon amie Éliane.

Ce fut un choc de le voir avec sa barbe de trois

semaines, souffrant d’un eczéma, on lui mettait de la pommade sur la barbe et un sarcome de Kaposi sur le bout du nez. Cette maladie cancéreuse touche généralement les malades du Sida et laisse de vilaines lésions sur la peau. Voyant le triste état dans lequel il était, nous avons demandé à une infirmière de lui raser la barbe et nous avons fait venir un coiffeur pour rafraîchir à sa coupe. Nous voulions qu'il garde toute sa dignité face à la maladie. Comprenant qu'il avait faim mais qu'il n'avait même pas la force de tenir sa fourchette, je décidai d'aller tous les jours lui donner à manger. À chaque fois que j'essayais de le faire asseoir, il avait mal et son corps basculait sur le côté gauche. L’infirmière manquait de patience et s'énervait. Je me réfugiais dans le couloir, les larmes aux yeux. J'étais révoltée. Je ne contestais pas sa compétence mais je trouvais qu'elle manquait de cœur. Une fois, alors qu'il était dans son fauteuil, j'essayais de le remettre toute seule dans son lit mais nous sommes tombés tous les deux et j'ai dû demander de l'aide.

Un autre jour, avec Éliane, nous lui avons donné un bain. Il nous a quittés quinze jours après mais il avait pris du poids et paraissait rayonnant. Ses parents sont venus des États-Unis pour lui rendre un dernier adieu et assister à ses funérailles. Je garde encore précieusement le Pierrot qu’il m’avait offert le jour de mon anniversaire alors qu'il était en bonne santé. Je pense toujours à lui. Comme souvenir, sa maman m'a offert un joli vase avec un grand bouquet de fleurs en soie et quatre nappes de table.

La fin d'un beau rêve

Malheureusement, Jean Kriegel commença à avoir des difficultés financières et finit par laisser sa place à un nouveau directeur. Entretemps, j'entrai à la clinique pour soigner mes genoux. À mon retour, le nouveau patron m'annonça qu'il était dans l'obligation de me licencier malgré tous les compliments qu'on lui avait faits sur mon travail. Il en était désolé mais ne pouvait pas faire autrement. Pendant une année, j'ai souffert de dépression. Mes danseuses, la musique, la scène, les repas pris ensemble, les fêtes avec Jean Kriegel, tout me manquait. Je gardais les bons souvenirs comme les mauvais. Le soir, quand ma montre indiquait 19 heures, heure à laquelle j'avais l'habitude de prendre mon travail au *Paradis Latin*, je sentais monter l'angoisse et je devais absolument penser à autre chose, tout faire me changer les idées.

Au théâtre des 10 heures, Michelle et Yves Carlevaris me conseillaient d'écrire un livre, je ne peux pas les oublier.

Dans un moment de détresse, l'angoisse, leurs beaux gestes envers moi : je me rappelle… à une heure du matin on se retrouve au drugstore devant un bon poulet, ou de bonne pâtes !

Il y a aussi les *Inconnus* qui nous faisaient des farces, on riait beaucoup de son slip kangourou avec les balles de tennis à l'intérieur ; et la sympathique Murielle Robin qui venait de commencer ses sketchs.

Dans ma vie, j'ai trouvé des amis, des gens qui ont du cœur.

J'ai eu l'honneur de travailler avec de nombreuses personnalités du spectacle et notamment avec Yvan Chiffre, la grosse Bertha, Jean Desailly, Michel Leb, Jane Seymour, Stéphane Audran, Jean-Claude Dreyfus…

Certains me conseillèrent d'écrire un livre pour raconter l'incroyable vie qui avait été la mienne. J'ai une pensée particulière pour ceux qui m'ont compris et m'ont acceptée telle que j'étais comme Émilien Bouglione qui aimait me voir danser ou encore Pierre Simonini qui voulait que j'envoie de sa part mes photos à Fellini.

Un autre personnage compte également beaucoup pour moi : Lucien, avec qui j'avais la joie d'ouvrir le bal lors des soirées privées qui se déroulaient au Paradis Latin.

Je n'oublie pas non plus son ami, Vado, un jeune homme charmant et très espiègle. Je garde aussi un souvenir ému de Michou, magicien de la nuit, que je faisais rire sur scène.

Paradis Latin 1982

Paradis Latin 1991
PIZZA

« Luz qui coud et se conduit à merveille ! »
lui écrit Arturo Brachetti.

Photo pour Luz d'Arturo Brachetti.

Pour rien au monde, j'oublierais Frédéric Rey, qui fut longtemps partenaire de Mistinguett. Après quarante-trois années passées aux *Folies Bergères*, il termina sa carrière en 1982 au *Paradis Latin* où il jouait la caricature de

Cécile Sorel. Il était alors septuagénaire. Lorsque je l'ai connu c'était un beau vieillard très austère et déjà très malade. Et pourtant, il était toujours très digne sur la scène. Une fois, je l'ai vu arriver avec des pantoufles dont l'arrière du talon avait été coupé. Il m'expliqua alors qu'une paire de chaussures neuves lui avait blessé les pieds. Prise de compassion pour ce vieillard qui autrefois avait été adulé mais qui aujourd'hui se retrouvait bien seul, j'entrepris de lui soigner moi-même les pieds. Et quelques jours plus tard, à ma grande satisfaction, il put à nouveau enfiler ses chaussures neuves. Nous sommes devenus de vrais amis et il m'a raconté toute sa vie. Le jour de son enterrement c'est avec une grande émotion que je l'ai accompagné jusqu'à sa dernière demeure.

Je n'oublie pas non plus Michel Druker qui était un ami de Jean Kriegel et que j'ai eu la chance de rencontrer. Je ne suis pas déçue. Sur le tournage d'un *Can-Can*, nous avons discuté de très bon coeur et sincère. En regardant l'emission *30 Millions d'amis*, j'appris que Dany, son épouse, avait la même passion que moi : les animaux.

Mon ami Robert Rosello, styliste dont j'admirais les croquis, est toujours présent dans mes pensées.

Il y a aussi François Aranburu qui jouait *Caligula* et me conseilla également d'écrire un livre. Il était espiègle, bon comédien et excellant danseur.

Il faudrait des pages et des pages pour mentionner tous mes amis et je ne peux malheureusement les citer tous. Mais je suis sûre qu'ils se reconnaitront tous.

À présent, souvent, je suis en Vendée, entourée d'amis, de fleurs et de mes animaux.

Ma fille est scénariste. Mon fils est collectionneur.

J'ai écrit ce livre avec beaucoup d'émotion et de sincérité.
À travers ces lignes qui relatent mes joies et mes peines, j'espère apporter beaucoup à mes futurs lecteurs.

À vous, chers lecteurs.

À la lecture de mon histoire, vous pouvez me croire et me juger. Une chose est sûre, la vie est faite de surprises. Mais malgré les souffrances, mes luttes, je n'ai jamais baissé les bras.

Dans ma tête, j'entends encore tes paroles ma mamie « toujours continuer pour arriver à ses fins !...».

S o m m a i r e